ISRAEL SHAHAK

JÜDISCHE GESCHICHTE, JÜDISCHE RELIGION
Der Einfluß von 3000 Jahren

Israël Shahak
(1933-2001)

Israel Shahak, geboren am 28. April 1933 in Warschau, Polen, als Israel Himmelstaub, war ein Holocaust-Überlebender, Professor für organische Chemie an der Hebräischen Universität Jerusalem und ein lautstarker Kritiker der israelischen Politik. Er war für seine liberalen politischen Ansichten und sein Eintreten für die Bürgerrechte von Juden und Nichtjuden bekannt. Er starb am 2. Juli 2001 in Jerusalem.

JÜDISCHE GESCHICHTE, JÜDISCHE RELIGION
Der Einfluß von 3000 Jahren

JEWISH HISTORY, JEWISH RELIGION:
The Weight of Three Thousand Years

Erstveröffentlichung von 1994 by Pluto Press 345 Archway Road, London N6 5AA

Herausgegeben von Omnia Veritas Limited

© Omnia Veritas Ltd – 2025

⊘MNIA VERITAS®
www.omnia-veritas.com

Alle Rechte vorbehalten. Kein Teil dieser Veröffentlichung darf ohne vorherige Genehmigung des Herausgebers in irgendeiner Form vervielfältigt werden. Das Gesetz zum Schutz des geistigen Eigentums verbietet Kopien oder Vervielfältigungen zur gemeinsamen Nutzung. Jede vollständige oder teilweise Wiedergabe oder Vervielfältigung ohne die Zustimmung des Herausgebers, des Autors oder ihrer Rechtsnachfolger ist rechtswidrig und stellt einen Verstoß dar, der nach den Artikeln des Gesetzbuchs für geistiges Eigentum geahndet wird.

A) ISRAEL 11

DIE IDEOLOGIE VOM „ERLÖSTEN" LAND 19
ISRAELISCHER EXPANSIONISMUS 21
GASIT: 25
EIN GESCHLOSSENES UTOPIA? 27

B) VORURTEILE UND VERFÄLSCHUNGEN 30

BEFREIUNG VON AUßEN 34
HINDERNISSE FÜR DAS VERSTEHEN 36
TOTALITÄRE GESCHICHTE 37
VERTEIDIGUNGSMECHANISMEN 41
DIE TÄUSCHUNG GEHT WEITER 43

C) ORTHODOXIE UND INTERPRETATION 54

INTERPRETATION DER BIBEL 59
AUFBAU DES TALMUD 63
DIE DISPENSATIONEN 68
SOZIALE ASPEKTE DER DISPENSATIONEN 76

D) DIE BÜRDE DER GESCHICHTE 80

GRUNDZÜGE DES KLASSISCHEN JUDAISMUS 83
ENGLAND, FRANKREICH UND ITALIEN 87
MOSLEMISCHE LÄNDER 88
DAS CHRISTLICHE SPANIEN 92
POLEN 93
ANTIJÜDISCHE VERFOLGUNGEN 97
DER MODERNE ANTISEMITISMUS 101
DIE ZIONISTISCHE REAKTION 105
KONFRONTATION MIT DER VERGANGENHEIT 109

E) GESETZE GEGEN NICHTJUDEN 113

MORD UND VÖLKERMORD 114
RETTUNG VON LEBEN 120
ENTHEILIGUNG DES SABBATS ZUR LEBENSRETTUNG 122
SEXUELLE STRAFTATEN 130
STATUS 131
GELD UND EIGENTUM 132
NICHTJUDEN IM LAND ISRAEL 135
SCHMÄHUNGEN 137
DIE EINSTELLUNGEN ZU CHRISTENTUM UND ISLAM 145

F) POLITISCHE KONSEQUENZEN 148
REZENSION VON BENJAMIN BEIT-HALLAHMI 172
ANDERE PUBLIKATIONEN 181

Übersetzung : Israel Shahak, *Jewish History, Jewish Religion. The Weight of Three Thousand Years*, Ohne dieses sensationelle Aufklärungsbuch sind die heutigen politischen Vorgänge in den USA und Europa ebenso wenig zu verstehen wie diejenigen um Israel und Jerusalem. Dem Buch ist daher weitestgehende Verbreitung zu wünschen. Nach Buchbesprechungen und Anzeigen wird dieses Buch des Israeli Shahak sowohl von jüdischer Seite als auch von Teilen des deutschen Buchhandels – möglicherweise wegen des 5. Kapitels „Die Gesetze gegen Nichtjuden" oder wegen seiner „Politischen Konsequenzen" in Kapitel 6 – boykottiert. Harm Menkens, Kapitän auf Großer Fahrt — Lühe-Verlag Israel Shahak kam 1945 nach Palästina. Er war Professor für organische Chemie an der Universität Jerusalem.

Er starb in 2001. Als lebenslanger Kämpfer für Menschenrechte schreibt er über Aspekte des Judentums in Hebräisch und Englisch.

Während im Westen gegen den mohammedanischen Fundamentalismus gehetzt wird, breitet sich der jüdisch-orthodoxe Fundamentalismus weitgehend unbemerkt aus. In diesem wissenschaftlichen und höchst lobenswerten Werk liefert Shahak eine provokative Studie darüber, in welchem Ausmaß der weltliche Staat Israel durch religiöse Orthodoxien von gehässiger und potentiell todbringender Natur umgestaltet worden ist. Aus seinem Studium des Talmud und der rabbinischen Gesetze zieht Shahak die Erkenntnis, daß die Wurzeln des jüdischen Chauvinismus und religiösen Fanatismus verstanden werden müssen, bevor es zu spät ist.

A) ISRAEL

Hier schreibe ich, was ich für wahr halte, daß die Geschichten der Griechen so zahlreich wie gedankenarm sind. (Hekataios von Milet, zitiert nach Herodot)

Amicus Plato sed magis amica veritas - Plato ist mir lieb, noch lieber die Wahrheit. (Lateinisches Sprichwort nach der Nikomachischen Ethik von Aristoteles)

In einem freien Staat kann jeder denken, was er will, und sagen, was er denkt. (Spinoza)

Obwohl in englischer Sprache entstanden und für Menschen gedacht, die außerhalb des Staates Israel leben, ist dieses Buch gewissermaßen eine Fortsetzung meiner politischen Arbeit als israelischer Jude. Diese Arbeit begann in den Jahren 1965 und 1966 mit einem Protest, der seinerzeit großes Ärgernis erregte. Ich war nämlich Augenzeuge, wie ein ultrareligiöser Jude die Benutzung seines Telefons am Sabbat verweigerte: Für einen Nichtjuden, der in der Gegend von Jerusalem einen Kollaps erlitten hatte, wurde ein Notarztwagen benötigt. Statt mich auf eine Pressemitteilung zu beschränken, bemühte ich mich um eine Zusammenkunft mit dem Rabbinischen Gericht von Jerusalem, dessen Mitglieder vom Staate Israel ernannt werden. Ich fragte die Rabbiner, ob solch ein Verhalten ihrer Auslegung der jüdischen Religion entspräche.

Ihre Antwort war, daß der fragliche Jude sich richtig, ja sogar fromm verhalten hätte, und sie zitierten zur Bekräftigung ihrer Aussage eine Passage aus einem in unserem Jahrhundert abgefaßten maßgeblichen Handbuch der talmudischen Gesetze. Ich berichtete diesen Vorfall der größten hebräischen

Tageszeitung Haarez, die mit ihrer Meldung einen Medienskandal auslöste.

Für mich hatte der Skandal ziemlich negative Folgen. Weder in Israel noch in der Diaspora hoben rabbinische Autoritäten die Vorschrift auf, daß kein Jude den Sabbat verletzen dürfe, um das Leben eines Nichtjuden zu retten. Sie betteten das Ganze in viel scheinheiliges Geschwätz, die Verletzung des Sabbat sei nur dann erlaubt, wenn wegen einer unterlassenen Hilfeleistung Juden in Gefahr geraten könnten.

Ich besann mich auf mein in der Jugend erworbenes Wissen und begann, jene talmudischen Gesetze zu studieren, die die Beziehungen zwischen Juden und Nichtjuden regeln. Dabei wurde mir klar, daß sowohl der angeblich vorwiegend areligiöse Zionismus als auch die seit der Staatsgründung betriebene israelische Politik und ganz besonders die Israel unterstützende Politik der jüdischen Diaspora nur zu verstehen ist, wenn man den starken Einfluß dieser Gesetze und die dafür verantwortliche Ideologie berücksichtigt. Die von Israel nach dem Sechs-Tage-Krieg verfolgte Politik und besonders der Apartheid-Charakter des israelischen Besatzungsregimes sowie die Einstellung des größten Teils der Juden gegenüber den Rechten der Palästinenser (auch wenn sie keine praktischen Auswirkungen hatte) haben diese Überzeugung noch bestärkt.

Mit dieser Aussage versuche ich nicht, die politischen oder strategischen Überlegungen, die ebenfalls einen Einfluß auf die Herrschenden in Israel haben, zu ignorieren. Ich sage nur, daß Realpolitik aus der Wechselwirkung zwischen realistischen Erwägungen (gleichgültig, ob richtig oder falsch, moralisch oder unmoralisch nach meiner Bewertung) und ideologischen Einflüssen erwächst. Die letzteren scheinen dann um so einflußreicher zu sein, je weniger sie erörtert und "aufs Tapet gebracht" werden. Jede Form von Rassismus, Diskriminierung und Xenophobie gewinnt um so mehr politischen Einfluß, je mehr sie die Allgemeinheit für selbstverständlich hält. Dies gilt gerade dann, wenn die Diskussion darüber offiziell oder inoffiziell tabuisiert wird. Rassismus, Diskriminierung und

Xenophobie, von Juden ausgehend und mit religiösen Motiven unterlegt gegen Nichtjuden gerichtet, ist ein Zwillingsbruder des Antisemitismus und seiner religiösen Motive. Während über die eine Rassismusvariante gesprochen werden kann, wird das Vorhandensein der anderen im allgemeinen SHAHAK : Jüdische Geschichte, Jüdische Religion - Der Einfluß von 3000 Jahren ignoriert, und zwar weitaus häufiger außerhalb Israels als in Israel selbst.

Definition des Judenstaates: Ohne eine Erörterung der unter Juden vorherrschenden Haltungen gegenüber Nichtjuden kann man auch das Konzept Israels als "Judenstaat", wie sich Israel selbst formell definiert, nicht verstehen. Das weitverbreitete Mißverständnis, daß Israel (auch ohne Berücksichtigung seiner Besatzungsherrschaft) eine echte Demokratie sei, läßt sich auf die Weigerung zurückführen, die Bedeutung des Begriffs "Judenstaat" Nichtjuden nahezubringen.

Meiner Ansicht nach ist Israel als Judenstaat eine Gefahr nicht nur für sich selbst und seine Einwohner, sondern für alle Juden und alle anderen Völker und Staaten im Nahen Osten und noch darüber hinaus sein.

Außerdem meine ich, daß auch die anderen nahöstlichen Staaten oder Institutionen, die sich entsprechend der israelischen Selbstdefinition als "jüdisch", als "arabisch" oder "moslemisch" definieren, ebenfalls eine Gefahr sind. Während diese Gefahr in der Öffentlichkeit diskutiert wird, schweigt man über die Gefahren, die dem jüdischen Charakter des Staates Israel innewohnen.

Das Prinzip Israels als "Judenstaat" war seit den Anfängen des Staates für alle israelischen Politiker von höchster Wichtigkeit und wurde der jüdischen Bevölkerung mit allen nur denkbaren Mitteln eingeprägt. Als sich Anfang der achtziger Jahre eine winzige Minderheit israelischer Juden bildete, die diesem Konzept ablehnend gegenüberstand, verabschiedete die Knesset im Jahre 1983 mit überwältigender Mehrheit ein Verfassungsgesetz (d.h. ein Gesetz, das die Regelungen anderer

Gesetze außer Kraft setzt und nur durch ein spezielles Verfahren aufgehoben werden kann). Nach diesem Gesetz darf eine Partei, deren Programm dem Prinzip des Judenstaates offen widerspricht oder Änderungen daran durch demokratische Mittel vorsieht, an den Wahlen zur Knesset nicht teilnehmen. Ich selbst bin ein heftiger Gegner dieses Verfassungsprinzips.

Für mich besteht die Konsequenz darin, daß es für mich in dem Staat, dessen Bürger ich bin, keine Partei gibt, deren Prinzipien ich zustimmen und die zugleich an den Parlamentswahlen teilnehmen kann. Gerade dieses Beispiel zeigt, daß der Staat Israel keine Demokratie ist, denn eine jüdische Ideologie wird gegen alle Nichtjuden und gegen solche Juden angewendet, die diese Ideologie ablehnen. Die Gefahr durch diese herrschende Ideologie beschränkt sich jedoch nicht auf die Innenpolitik, sondern beeinflußt auch die Außenpolitik Israels. Diese Gefahr wird weiter wachsen, solange sich zwei gegenwärtige Entwicklungen zuspitzen: Die Zunahme des jüdischen Charakters von Israel und der Zuwachs an militärischer, insbesondere nuklearer Stärke. Ein weiterer verhängnisvoller Faktor ist die Tatsache, daß der israelische Einfluß auf das politische Establishment der USA wächst. Deshalb sind genaue Informationen über den Judaismus und besonders über die Behandlung der Nichtjuden durch Israel nicht nur wichtig, sondern auch politisch lebensnotwendig.

Lassen Sie mich mit der offiziellen israelischen Definition des Begriffs "jüdisch" beginnen, der den entscheidenden Unterschied zwischen Israel als "Judenstaat" und der Mehrheit der anderen Staaten aufzeigt.

Nach dieser offiziellen Definition "gehört" Israel nur den Menschen, die von den israelischen Behörden als jüdisch definiert werden, unabhängig von Wohnort oder Staatsangehörigkeit. Andererseits "gehört" Israel offiziell nicht den nichtjüdischen Bürgern, deren Status sogar offiziell als untergeordnet angesehen wird. Dies bedeutet in der Praxis, wenn peruanische Indios zum Judentum konvertieren und somit als jüdisch betrachtet werden, sie sofort berechtigt sind, israelische

Bürger zu werden und von etwa 70% des Bodens im besetzten Westjordanland (und von 92% des Bodens im eigentlichen Israel) profitieren zu können, das offiziell ausnahmslos zum Nutzen durch Juden vorgesehen ist. Alle Nichtjuden (nicht nur alle Palästinenser) sind von diesen Vorrechten ausgeschlossen. (Das Verbot gilt auch für arabische Staatsbürger Israels, die in der israelischen Armee gedient und einen hohen Rang erreicht haben.) Der Fall mit den zum Judentum konvertierten Peruanern ereignete sich tatsächlich vor einigen Jahren.

Diese neuen Juden wurden im Westjordanland in der Nähe von Nablus auf Land angesiedelt, das Nichtjuden offiziell nicht besiedeln dürfen. Alle israelischen Regierungen nehmen enorme politische Risiken einschließlich der Gefahr eines Krieges auf sich, damit solche Siedlungen, die sich ausschließlich aus "jüdisch" definierten Personen (und nicht etwa "israelischen", wie die meisten Medien lügenhaft behaupten) zusammensetzen, nur "jüdischer" Autorität unterstehen.

Ich vermute, daß die Juden in den USA oder in Großbritannien es als antisemitisch ansähen, wenn Christen vorschlügen, aus Großbritannien oder den USA sollte ein "Christenstaat" werden, der offiziell nur den als "Christen" definierten Bürgern gehöre. Die Folge einer solchen Doktrin bestünde darin, daß zum Christentum konvertierte Juden wegen ihres Übertritts zum Christentum vollberechtigte Bürger würden. Man sollte sich daran erinnern, daß die Vorteile von Glaubensübertritten den Juden aus ihrer eigenen Geschichte bekannt sind. Als die christlichen und islamischen Staaten alle Personen diskriminierten, die - wie die Juden - nicht der Staatsreligion angehörten, wurde die Diskriminierung der Juden durch ihren Glaubensübertritt aufgehoben. Ein vom Staat Israel diskriminierter Nichtjude erfährt aber ebenso sofort eine andere Behandlung, wenn er zum Judaismus konvertiert. Es zeigt, daß dieselbe Art der Exklusivität, die die Mehrheit der in der Diaspora lebenden Juden als antisemitisch an sich ansieht, von der Mehrheit aller Juden als jüdisch betrachtet wird. Ein Eintreten gegen Antisemitismus und jüdischen Chauvinismus wird unter Juden weitgehend als "Selbsthaß" betrachtet, was in meinen Augen sinnwidrig ist.

Die Bedeutung des Begriffs "jüdisch" und der artverwandten Wörter einschließlich "Judaismus" erlangt im Zusammenhang mit der israelischen Politik dieselbe große Bedeutung wie das offiziell von Iran verwendete Wort "islamisch" oder der offiziell von der UdSSR verwendete Begriff "Kommunist". Die Bedeutung des allgemein benutzten Begriffs "jüdisch" ist jedoch nicht klar, weder im Hebräischen noch in anderen Sprachen. Daher muß der Begriff offiziell definiert werden. Nach israelischem Gesetz ist eine Person jüdisch, wenn entweder die Mutter, die Großmutter, die Urgroßmutter oder die Ururgroßmutter religiöse Jüdinnen waren, oder die Person in einer Art und Weise zum Judentum konvertierte, die den israelischen Behörden zufriedenstellend erscheint. Darüber hinaus gilt die Bedingung, daß die Person nicht vom Judentum zu einer anderen Religion konvertierte. In diesem Falle betrachtet Israel diese Person nicht mehr als "jüdisch". Von diesen drei Bedingungen entspricht die erste der talmudischen Definition „Wer ist Jude?", d.h. der auch von der jüdischen Orthodoxie verwendeten Definition. Der Talmud und das nachtalmudische Gesetz erkennen außerdem den Glaubensübertritt eines Nichtjuden zum Judentum (als auch den Kauf eines nichtjüdischen Sklaven durch einen Juden mit anschließendem Glaubensübertritt einer anderen Art) als eine Methode an, ein Jude zu werden, vorausgesetzt, daß der Glaubensübertritt durch einen autorisierten Rabbiner auf entsprechende Art und Weise vorgenommen wird. Diese "entsprechende Art und Weise" hat für Frauen die Konsequenz, daß sie sich von drei Rabbinern nackt in einem "Reinigungsbad" untersuchen lassen müssen. Dieses Ritual ist zwar allen Lesern der hebräischen Presse bekannt, wird aber in den nichtjüdischen Medien trotz des unzweifelhaften Interesses für bestimmte Leser nicht oft erwähnt. Ich hoffe, daß dieses Buch den Anfang eines Prozesses bildet, der diese Diskrepanz beseitigt.

Es gibt aber eine weitere dringende Notwendigkeit für eine offizielle Definition dessen, wer "jüdisch" ist und wer nicht. Der

Staat Israel diskriminiert offiziell Nichtjuden gegenüber Juden in vielen Lebensbereichen, von denen ich folgende drei als die wichtigsten betrachte: Wohnrecht, Arbeitsrecht und das Recht auf Gleichheit vor dem Gesetz. Die Diskriminierung im Wohnrecht gründet sich auf der Tatsache, daß etwa 92% des israelischen Landes Staatseigentum sind und von der israelischen Landbehörde entsprechend den vom Jewish National Fund (JNF), einem Ableger der World Zionist Organization, erlassenen Vorschriften verwaltet werden.

In diesen Vorschriften verweigert der Jewish National Fund jedermann, der nicht jüdisch ist, das Recht auf Niederlassung, auf Geschäftseröffnung und oft auch zur Arbeit. Und zwar nur deshalb, weil er kein Jude ist. Gleichzeitig ist es Juden aber erlaubt, sich überall in Israel niederzulassen und geschäftlich tätig zu sein.

Solche Maßnahmen gegen Juden in einem anderen Staat würden sofort und zu Recht als Antisemitismus gebrandmarkt werden und zweifellos massive öffentliche Proteste hervorrufen. Wendet jedoch Israel diese Maßnahmen als Teil der "jüdischen Ideologie" an, so werden sie in der Regel geflissentlich ignoriert oder (bei einer seltenen Erwähnung) entschuldigt.

Die Verweigerung des Rechts auf Arbeit bedeutet, daß Nichtjuden offiziell von der Arbeit auf dem Land ausgeschlossen sind, das die israelische Landbehörde entsprechend den Jewish-National-Fund- Vorschriften verwaltet. Diese Vorschriften werden sicher nicht immer durchgesetzt, existieren aber. Von Zeit zu Zeit versucht Israel jedoch, diese Vorschriften von staatlichen Behörden durchsetzen zu lassen, wie z.B. immer dann, wenn das Landwirtschaftsministerium vorgeht gegen den "Frevel, gepachtete Obstplantagen, die Juden gehören und sich auf nationalem Land (d.h. Land, das dem Staate Israel gehört) befinden, von arabischen Arbeitskräften abernten zu lassen", auch wenn die fraglichen Arbeitskräfte Bürger Israels sind.

Israel verbietet es ferner den auf nationalem Land angesiedelten Juden, auch nur einen Teil des Landes an Arbeiter selbst für nur kurze Zeit zu verpachten. Diejenigen, die es dennoch tun, müssen in der Regel schwere Geldstrafen zahlen. Nichtjuden ist es jedoch nicht verboten, ihr Land an Juden zu verpachten. Dies bedeutet in meinem Falle, daß aufgrund der Tatsache, daß ich ein Jude bin, ich das Recht habe, einen Obstgarten zur Aberntung von einem anderen Juden zu pachten. Ein Nichtjude jedoch, gleichgültig, ob Bürger Israels oder ein niedergelassener Ausländer, hat dieses Recht nicht.

Nichtjüdische Bürger Insraels haben nicht das Recht auf Gleichheit vor dem Gesetz. Diese Diskriminierung drückt sich in vielen israelischen Gesetzen aus, in denen die Begriffe "jüdisch" und "nichtjüdisch" in der Regel nicht explizit, wie in dem entscheidenden Rückkehrgesetz, verwendet werden, vermutlich, um Verwicklungen zu vermeiden. Nach diesem Gesetz haben nur offiziell als "jüdisch" anerkannte Personen automatisch das Recht auf Einwanderung und Niederlassung in Israel. Sie erhalten automatisch ein Einwanderungs-Zertifikat, das ihnen bei der Ankunft das "Bürgerrecht kraft ihrer Rückkehr in das jüdische Heimatland" und das Recht auf viele finanzielle Vorteile verleiht, die je nach Herkunftsland unterschiedlich ausfallen. Die aus den Staaten der früheren UdSSR emigrierten Juden erhalten eine "Eingliederungsbeihilfe" von mehr als 20 000 Dollar pro Familie. Alle Juden, die entsprechend diesem Gesetz nach Israel einwandern, erhalten sofort das aktive und passive Wahlrecht für die Knesset - auch wenn sie kein Wort hebräisch sprechen.

Andere israelische Gesetze dienen als Ersatz für die etwas dunklen Aussagen "jeder, der entsprechend dem Rückkehrgesetz einwandern kann", und "jeder, der entsprechend dem Rückkehrgesetz ein Recht zur Einwanderung hat". Je nach fraglichem Gesetz erhält die erste Kategorie Zuwendungen, die der zweiten systematisch verweigert werden. Das alltägliche Mittel zur Diskriminierung im täglichen Leben ist der Personalausweis, den jeder jederzeit mit sich tragen muß. In den Personalausweisen steht mit der wichtigen Ausnahme "Israeli" die offizielle "Nationalität" einer Person, die "jüdisch", "arabisch", "drusisch" und dergleichen sein kann. Versuche von

Israelis, das Innenministerium zur Angabe "Israeli" oder sogar "Israeli-Jude" in ihren Personalausweisen zu zwingen, sind fehlgeschlagen. Diejenigen, die solche Versuche unternommen hatten, erhielten vom Innenministerium einen Brief mit der Angabe, daß "es einen Beschluß gibt, eine israelische Nationalität nicht anzuerkennen". In dem Brief ist nicht gesagt, von wem oder wann diese Entscheidung getroffen wurde.

Israel kennt derart viele Gesetze und Vorschriften, die Personen entsprechend der Definition "wer entsprechend dem Rückkehrgesetz einwandern kann" begünstigen, so daß das Thema eine gesonderte Behandlung verlangt. Wir können hier ein Beispiel heranziehen, das im Vergleich mit den Einschränkungen bei den Niederlassungsrecht trivial und dennoch wichtig ist, da es die wahren Absichten des israelischen Gesetzgebers enthüllt. Israelische Bürger, die das Land eine Zeitlang verlassen haben, jedoch als solche definiert sind, die "entsprechend dem Einwanderungsgesetz einwandern können", haben bei ihrer Rückkehr Anspruch auf großzügige Zollerleichterungen, Unterstützung für eine höhere Schulausbildung ihrer Kinder und entweder eine Beihilfe oder einen günstigen Kredit zum Kauf eines Appartments sowie andere Zuwendungen. Bürger, die nicht derart definiert sind, d.h. die nichtjüdischen Bürger Israels, erhalten keine dieser Vergünstigungen. Die offensichtliche Absicht solcher diskriminierender Maßnahmen besteht darin, die Anzahl der nichtjüdischen Bürger zu vermindern, um den Staat Israel "jüdischer" zu machen.

Die Ideologie vom „erlösten" Land

Israel propagiert unter den jüdischen Bürgern die supra-exklusive Ideologie der Erlösung des Landes. An dieser Ideologie, die den jüdischen Schulkindern in Israel eingetrichtert wird, läßt sich das offizielle Ziel ablesen, die Anzahl an Nichtjuden auf ein Minimum zu reduzieren. Man lehrt sie, daß dies dem gesamten Staat Israel oder nach 1967 für das Gebiet gilt, das man das Land Israel nennt. Nach dieser Ideologie ist das "erlöste" Land das Land, das aus nichtjüdischem in jüdisches Eigentum überging. Das Eigentum kann entweder in privater Hand sein oder dem Jewish National Fund oder dem Judenstaat gehören. Das im Besitze von Nichtjuden befindliche Land wird dagegen als "unerlöst" betrachtet. Wenn also ein Jude, der die schlimmsten Verbrechen begangen hat, ein Stück Land von einem unbescholtenen Nichtjuden kauft, wird durch solch eine Transaktion das "unerlöste" zu "erlöstem" Land. Kauft jedoch ein unbescholtener Nichtjude Land vom denkbar schlechtesten Juden, so wird das zuvor makellose und "erlöste" Land erneut zu "unerlöstem" Land. Die logische Schlußfolgerung aus solch einer Ideologie ist die "Transfer" genannte Vertreibung aller Nichtjuden aus dem Landgebiet, das "erlöst" werden muß. Deshalb ist die Utopie der vom Staat Israel übernommenen "jüdischen Ideologie" das Land, das vollständig "erlöst" ist und sich nicht im Besitze von Nichtjuden befindet oder von diesen bearbeitet wird.

Die Führer der zionistischen Arbeiterbewegung drückten diese ganz und gar abstoßende Idee mit größter Klarheit aus. Walter Laqueur, ein eingefleischter Zionist, beschreibt in seinem Buch *History of Zionism*, wie der im Jahre 1919 verstorbene A. D. Gordon, eine dieser geistigen Väter, "Gewalt prinzipiell ablehnte und Selbstverteidigung nur unter extremen Umständen rechtfertigte. Er und seine Freunde wünschten jedoch, daß jeder Baum und jeder Busch im jüdischen Heimatland von keinem anderen als jüdischen Pionieren gepflanzt werde." Dies bedeutet, daß er von jedem anderen verlangte, auszuwandern und das von Juden "zu erlösende" Land zu verlassen habe. Gordons Nachfolger wandten mehr Gewalt an, als er im Sinne hatte. Das Prinzip der Erlösung und die sich daraus ergebenden Folgen blieben jedoch erhalten.

Desgleichen war und ist der Kibbuz, der hochgelobte Versuch zum Aufbau einer Utopia, eine supraexklusive Utopia. Auch wenn er aus Atheisten besteht, nimmt er prinzipiell keine arabischen Mitglieder auf und verlangt von potentiellen Mitgliedern aus anderen Nationalitäten, daß sie zunächst zum Judentum konvertieren. So ist es kein Wunder, daß die

Heranwachsenden aus dem Kibbuz als der militaristischste Teil der israelisch-jüdischen Gesellschaft angesehen werden können. Es ist gerade diese supra-exklusive Ideologie und nicht das von der israelischen Propaganda vorgeschobene

"Sicherheitsbedürfnis", durch die die Landübernahme in Israel in den fünfziger Jahren und erneut Mitte der sechziger Jahre und in den besetzen Gebieten nach 1967 bestimmt wird. Diese Ideologie diktierte auch die offiziellen Pläne Israels zur "Judaisierung von Galiläa". Dieser seltsame Begriff soll Juden zur Ansiedlung in Galiläa durch finanzielle Zuwendungen ermutigen. (Ich frage mich, was wohl die Reaktion der amerikanischen Juden sein würde, wenn ein Plan zur "Christianisierung von New York" oder sogar nur von Brooklyn im Lande propagiert würde.) Doch der Rückkauf des Landes impliziert mehr als nur regionale "Judaisierung". Im gesamten Gebiet von Israel gibt der von israelischen Behörden (und speziell von der Geheimpolizei) stark unterstützte Jewish National Fund große Summen öffentlicher Gelder aus, um alles Land "zu erlösen", das Nichtjuden verkaufen wollen, und um jeden Versuch eines Juden zu vereiteln, sein Land an einen Nichtjuden gegen Zahlung eines höheren Preises zu verkaufen.

Israelischer Expansionismus

Die größte Gefahr, die Israel als "Judenstaat" für seine eigenen Einwohner, andere Juden und seine Nachbarn bildet, ist die ideologische Motivierung der territorialen Expansion und der unvermeidlichen Kriege, die dieses Ziel nach sich zieht. Je stärker Israel, wie man im Hebräischen sagt, jüdisch wird und je mehr es zum Judaismus zurückkehrt (ein Vorgang, der sich in Israel seit mindestens 1967 vollzieht), desto stärker richtet sich die Realpolitik an jüdisch-ideologischen Zielen und weniger an rationalen Überlegungen aus. Der von mir verwendete Begriff "rational" bezieht sich nicht so sehr auf eine moralische Bewertung der israelischen Politik oder auf angenommene Verteidigungs- oder Sicherheitsbedürfnisse Israels - noch weniger auf die unterstellte Gefährdung des "Überlebens Israels". Ich meine hier die israelisch-imperialistische Politik, die auf den mutmaßlichen Interessen des Landes beruht. Wie moralisch schlecht oder politisch rüde eine solche Politik auch sein mag, ich betrachte die Durchsetzung einer auf der "jüdischen Ideologie" fußenden Politik mit all ihren verschiedenen Versionen als noch schlechteren Fall. Die ideologischen Verteidigungsmaßnahmen der israelischen Politik basieren in der Regel auf der jüdischen Religion und bei areligiösen Juden auf den historischen Rechten der Juden, die sich aus dieser Religion ableiten und den dogmatischen Charakter des religiösen Glaubens beibehalten.

Meine eigene schon früh einsetzende politische Wandlung von einem Bewunderer Ben Gurions zu einem ausgesprochenen Gegner begann genau bei diesem Problem. Im Jahre 1956 nahm ich direkt alle von Ben Gurion vorgebrachten politischen und militärischen Gründe für den Beginn des Suez-Krieges durch Israel in mir auf, bis er (obwohl er als Atheist stolz darauf war, die Gebote der jüdischen Religion nicht zu beachten) am dritten Tag des Krieges in der Knesset aussprach, daß der wirkliche Grund für den Krieg "die Wiederherstellung von Davids und Salomos Königreich" in seinen biblischen Grenzen sei. An dieser Stelle seiner Rede sprang nahezu jedes Knesset-Mitglied spontan auf und sang die Nationalhymne.

Meines Wissens hat sich kein zionistischer Politiker jemals von Ben Gurions Vorstellung distanziert, daß die israelische Politik (innerhalb pragmatischer Überlegungen) sich auf der Wiederherstellung der biblischen Grenzen als Grenzen des Judenstaates gründen müsse. In der Tat verdeutlicht eine nähere Analyse der israelischen Langzeitstrategie und der tatsächlichen Prinzipien der Außenpolitik, wie sie in hebräisch ausgedrückt sind, daß die israelische Realpolitik überwiegend durch die "jüdische Ideologie" bestimmt wird. Die Vernachlässigung des real existierenden Judaismus und der "jüdischen Ideologie" lassen diese Politik dem ausländischen Beobachter, der außer einigen oberflächlichen Apologien nichts über den Judaismus weiß, unverständlich erscheinen.

An dieser Stelle will ich ein weiteres Beispiel für den wesentlichen Unterschied anführen, der zwischen der aufgeblähten, aber säkulären imperialen Planung und den Prinzipien der "jüdischen Ideologie" besteht.

Letztere befiehlt, daß jedes Territorium, das entweder von einem jüdischen Herrscher in der Antike regiert oder von Gott den Juden entweder in der Bibel oder, was politisch tatsächlich noch wichtiger ist, gemäß der rabbinischen Interpretation der Bibel und des Talmud, versprochen wurde, Israel gehöre, da dies ein Judenstaat sei. Zweifellos sind viele jüdische "Tauben" der Ansicht, daß solche Eroberungen auf einen Zeitpunkt zurückzustellen seien, zu dem Israel stärker als jetzt ist, oder daß es, wie man hofft, eine "friedliche Eroberung" geben könne, d.h. daß die arabischen Herrscher oder Völker sich "überzeugen lassen", das fragliche Land gegen Zahlungen abzutreten, die der Judenstaat dann an sie leisten würde.

Im Umlauf sind eine Reihe von sich widersprechenden Versionen der biblischen Grenzen des Landes Israels, die rabbinische Autoritäten so interpretieren, daß sie im Idealfall zum Judenstaat gehören. Nach der Maximalversion liegen folgende Gebiete innerhalb dieser Grenzen: Im Süden der gesamte Sinai und ein Teil des nördlichen Ägyptens bis in die Nähe von Kairo, im Osten das gesamte Jordanien und ein großes Stück von Saudi-Arabien, ganz Kuwait und ein Teil des Iraks südlich des Euphrat, im Norden der gesamte Libanon und Syrien zusammen mit einem großen Teil der Türkei (bis zum See Van) und im Westen Zypern.

Umfangreiche auf diesen Grenzen beruhende Forschungen und gelehrte Dispute, dargestellt in Atlanten, Büchern, Artikeln und populären Formen der Propaganda, werden in Israel mit staatlicher Förderung veröffentlicht. Sicherlich wünschen der kürzlich verstorbene Rabbi Kahane und seine Anhänger sowie einflußreiche Vereinigungen wie der Gusch Emunim nicht nur die Eroberung dieser Gebiete durch Israel, sondern sehen es auch als göttlich befohlenes Gesetz an, und sie vertrauen auf den Erfolg, weil Gott mit ihnen ist.

In der Tat betrachten wichtige jüdische religiöse Persönlichkeiten die Weigerung Israels, solch einen Heiligen Krieg zu führen oder, noch gravierender, die Rückgabe des Sinai an Ägypten, als eine nationale Sünde, die von Gott gerechterweise bestraft wurde. Dov Lior, einer der Wortführer des Gusch Emunim und Rabbiner der jüdischen Siedlungen von Kirjat Arba und von Hebron, stellte wiederholt fest, daß die militärische Libanon-Pleite in den Jahren 1982 bis 1985 eine wohlverdiente göttliche Strafe für die Sünde sei, "einen Teil des Landes Israel", nämlich den Sinai, an Ägypten zurückgegeben zu haben.

Obwohl ich zugegebenermaßen ein extremes Beispiel für die biblischen Grenzen des Landes Israel, die zum "Judenstaat" "gehören", angeführt habe, sind diese Grenzen in nationalreligiösen Kreisen sehr populär. Es gibt aber auch weniger extreme Versionen der biblischen Grenzen, mitunter auch "historische Grenzen" genannt.

Es muß jedoch hervorgehoben werden, daß in Israel und in der Diaspora das Konzept der biblischen bzw. der historischen Grenzen als Demarkationslinien des den Juden zustehenden Landes nicht prinzipiell abgelehnt wird. Eine Ausnahme bildet dabei eine winzige Minderheit, die das Konzept eines Judenstaates ablehnt. Andererseits sind Einwände gegen die Verwirklichung solcher Grenzen durch Krieg rein pragmatischer Natur. Man mag einwenden, daß Israel noch zu schwach zur Eroberung des gesamten Landes ist, das den Juden "gehört", oder daß der Verlust jüdischen (aber nicht arabischen!) Lebens als Folge eines Eroberungskrieges solcher Größe schwerwiegender als die Eroberung des Landes sei. Aber im normativen Judaismus kann man nicht bestreiten, daß das "Land Israel", in welchen Grenzen auch immer, nicht allen Juden "gehört". Im Mai 1993 schlug Ariel Scharon auf dem Likud-Parteitag formell vor, daß Israel das Konzept der "biblischen Grenzen" als offizielle Politik anerkenne. Es gab weder innerhalb noch außerhalb des Likud nennenswerte Einwände dagegen, und alle hatten pragmatische Gründe. Nicht einer fragte Scharon, wo denn genau die biblischen Grenzen lägen, die Israel seiner Meinung nach haben müsse.

Wir wollen uns daran erinnern, daß es unter denjenigen, die sich selbst Leninisten nennen, keinen Zweifel gab, daß die Geschichte den von Marx und Lenin erarbeiteten Prinzipien folgt. Nicht aus dem dogmatischen Glauben selbst, sondern aus der Verhinderung offener Diskussionen und der dadurch bedingten Skrupellosigkeit erwächst eine totalitäre Geisteshaltung. Deshalb kann man von der israelisch-jüdischen Gesellschaft und den in der Diaspora lebenden Juden, bei denen es sich um Führer der jüdischen Leben handelt und die in rein jüdischen Vereinigungen organisiert sind, sagen, daß ihr Charakter einen stark totalitären Zug aufweist.

Seit den Anfängen des Staates wurde aber auch eine israelische Langzeitstrategie entwickelt, die sich nicht auf den Dogmen der "jüdischen Ideologie", sondern auf rein strategische oder imperialistische Überlegungen gründet. Der mittlerweile aus dem aktiven Dienst ausgeschiedene General Schlomo Gasit, ehemals Befehlhaber des militärischen Nachrichtendienstes, verfaßte solch eine maßgebende und erhellende Beschreibung der Prinzipien, auf denen sich solch eine Strategie aufbaut.

Gasit

Die Hauptaufgabe Israels änderte sich [seit dem Ende der UdSSR] überhaupt nicht und bleibt von entscheidender Bedeutung. Die geographische Lage Israels in der Mitte des arabisch-moslemischen Nahen Ostens prädestiniert Israel dazu, ein aufmerksamer Wächter für Stabilität in allen benachbarten Ländern zu sein. Israels Rolle besteht darin, die vorhandenen Regimes zu schützen, den Prozeß einer Radikalisierung zu verhindern oder zu stoppen und die Expansion des fundamentalistischen religiösen Fanatismus einzudämmen. Aus diesem Grund wird Israel Änderungen jenseits seiner Grenzen verhindern und diese dann als unannehmbar betrachten, wenn sie einen Punkt erreichen, an dem Israel seine gesamte militärische Macht zu deren Verhinderung oder Ausrottung einzusetzen zu müssen glaubt. Mit anderen Worten, Israel zielt darauf ab, eine Hegemonie über die anderen Staaten im Nahen Osten zu erreichen.

Nach den Worten von Gasit ist es unmittelbar einsichtig, daß Israel an der Stabilität der arabischen Regimes interessiert ist. Aus Gasits Sicht leistet Israel durch den Schutz der nahöstlichen Regimes einen lebenswichtigen Dienst für die "industriell hochentwickelten Staaten, die alle um die Stabilität im Nahen Osten äußerst besorgt sind". Er meint, daß ohne Israel die vorhandenen Regimes der Region schon längst zusammengebrochen wären, weil sie nur noch wegen der israelischen Bedrohung existieren. Diese Ansicht mag zwar heuchlerisch sein, doch sollte man sich in solchen Zusammenhängen an La Rochefoucaulds Maxime erinnern, daß "Heuchelei die Steuer ist, die die Niedertracht an die Tugend zahlt". Die Erlösung des Landes ist solch ein Versuch, die Zahlung einer derartigen Steuer zu vermeiden.

Selbstverständlich bekämpfe ich auch voll und ganz die nichtideologische Politik Israels, wie sie Gasit eindeutig und treffend beschreibt. Gleichzeitig erkenne ich an, daß die von der "jüdischen Ideologie" motivierte Politik Ben Gurions und Scharons viel gefährlicher als eine reine Machtpolitik, ja sogar kriminell ist. Die Auswirkungen dieser Politik auf andere ideologisch motivierte Regimes weisen in dieselbe Richtung.

Schon das Vorhandensein einer wichtigen Komponente der israelischen Politik, die sich auf der "jüdischen Ideologie" gründet, verlangt zwingend eine politische Analyse. Diese Ideologie basiert wiederum auf der Einstellung des historischen Judaismus gegenüber Nichtjuden, die eines der Hauptthemen dieses Buches ist. Diese Haltung beeinflußt notwendigerweise - bewußt oder unbewußt - viele Juden. Unsere Aufgabe hier ist es also, den historischen Judaismus so zu behandeln, wie er ist. Der Einfluß der "jüdischen Ideologie" auf viele Juden ist desto stärker, je mehr er der öffentlichen Diskussion entzogen ist. Diese Diskussion wird hoffentlich viele Menschen dazu bringen, dieselbe Haltung gegenüber dem jüdischen Chauvinismus und der von so vielen Juden gegenüber Nichtjuden an den Tag gelegte Verachtung (die später dokumentiert werden soll) einzunehmen, die man normalerweise gegen Antisemitismus und alle anderen Formen der Fremdenfeindlichkeit, des Chauvinismus und des Rassismus entgegenbringt.

Man kann von der Annahme ausgehen, daß nur die umfassende Beschreibung sowohl des Antisemitismus als auch seiner historischen Wurzeln die Grundlage für den Kampf gegen ihn sein kann.

Desgleichen sehe ich voraus, daß nur eine vollständige Darstellung des jüdischen Chauvinismus und des religiösen Fanatismus die Basis für den Kampf gegen diese Erscheinungen sein kann. Dies gilt gerade für die heutige Zeit, in der im Gegensatz zu der vor 50 oder 60 Jahren vorherrschende Lage der politische Einfluß des jüdischen Chauvinismus und religiösen Fanatismus viel größer ist als der des Antisemitismus. Da ist aber noch ein weiterer wichtiger Gesichtspunkt. Ich bin davon überzeugt, daß der Antisemitismus und der jüdische Chauvinismus nur zusammen bekämpft werden können.

Ein geschlossenes Utopia?

Bis diese Einsichten sich weiter verbreitet haben, bleibt die tatsächliche Gefahr der auf der "jüdischen Ideologie" basierenden israelischen Politik größer als die Gefahr einer Politik, die sich auf rein strategischen Überlegungen gründet. Den Unterschied zwischen beiden Arten der Politik drückte Hugh Trevor-Roper in seinem Essay "Sir Thomas More and Utopia" gut aus, indem er sie platonischmachiavellistisch nannte.

Machiavelli rechtfertigte wenigstens die Methoden, die er für die Politik als unerläßlich ansah. Er bedauerte die Notwendigkeit von Gewalt und Betrug und nannte sie auch bei keinem anderen Namen.

Plato und More hingegen sanktionierten sie unter der Voraussetzung, daß sie zur Aufrechterhaltung ihrer eigenen utopischen Republiken verwendet würden. Desgleichen sind die echten Gläubigen des "Judenstaat" genannten Utopia, das die "biblischen Grenzen" anstrebt, viel gefährlicher als die großartigen Strategen vom Typ Gasit, da deren Politik entweder durch die Religion oder, was noch schlimmer ist, durch die Anwendung säkularisierter religiöser Prinzipien mit Absolutheitsanspruch sanktioniert ist. Während Gasit wenigstens noch das Argument vorbringen zu müssen glaubt, daß das israelische Diktat für die arabischen Regimes von Vorteil sei, ließ Ben Gurion keinen Zweifel daran, daß die Wiederherstellung des Königreichs von David und Salomo sich allein für den jüdischen Staat auszahlte. Die Anwendung der Konzepte des Platonismus zur Analyse der auf der "jüdischen Ideologie" basierenden israelischen Politik dürfte nicht ungewöhnlich sein. Mehrere Gelehrte, unter ihnen Moses Hadas als der bedeutendste, stellten fest, daß die Grundlagen des "klassischen Judaismus", d.h. der von den talmudischen Weisen begründete Judaismus, auf den Einflüssen Platos und insbesondere seines Bildes von Sparta beruht. Nach Hadas war es ein entscheidendes Merkmal des vom Judaismus schon in der makkabäischen Zeit (142 bis 63 v. Chr.) übernommenen politischen Systems von Plato, "daß jede Phase menschlichen Verhaltens religiösen Sanktionen unterliegt, die in Wirklichkeit vom Herrscher manipuliert werden".

Es gibt keine bessere Definition des "klassischen Judaismus" und der Art und Weise, in der die Rabbis und Rabbiner ihn manipulierten, als diese Definition Platos. Insbesondere meint Hadas, daß der Judaismus das übernahm, was "Plato selbst als die Ziele seines Programms" in der folgenden bekannten Passage zusammenfaßte: Das Wichtigste ist, daß niemand, weder Mann noch Weib, ohne Vorgesetzte sei, und daß niemandes Seele sich gewöhnt habe, sei es im Kampfe selbst oder bei den Vorübungen, etwas für sich nach eigener Willkür zu tun; sondern in jedem Kriege und während des Friedens stets auf den Vorgesetzten hinzublicken ... mit einem Wort, seine Seele durch Gewöhnung dahin zu bestimmen, daß sie ohne die andern nichts tue noch überhaupt von etwas Kenntnis nehme oder sich unterrichte, sondern daß vielmehr das Leben aller zu einem möglichst vereinten, unter sich verbundenen und gemeinsamen sich gestalte. (Gesetze 942ab) Ersetzt man das Wort "Vorgesetzter" durch "Rabbiner", haben wir ein perfektes Bild des klassischen Judaismus. Letzterer hat noch einen großen Einfluß auf die israelisch-jüdische Gesellschaft und bestimmt zum größten Teil die israelische Politik. Gerade die oben zitierte Passage wählte Karl Popper in seinem Werk Die Offene Gesellschaft und ihre Feinde zur Beschreibung der Wesensmerkmale einer "geschlossenen Gesellschaft".

Der historische Judaismus und seine beiden Nachfolger, die jüdische Orthodoxie und der Zionismus, sind beide eingeschworene Feinde des Konzepts einer Offenen Gesellschaft, soweit es auf Israel angewandt wird. Ein Judenstaat kann nie eine Offene Gesellschaft sein, gleichgültig, ob er sich auf der derzeitigen jüdischen Ideologie oder, falls er dem Charakter nach jüdischer wird, als er jetzt ist, auf den Prinzipien der jüdischen Orthodoxie gründet. Die israelisch-jüdische Gesellschaft hat zwei Wahlmöglichkeiten: Sie kann ein vollständig geschlossenes und kriegerisches Ghetto werden, ein jüdisches Sparta, das von der Arbeitskraft arabischer Heloten gestützt und durch seinen Einfluß auf das politische Establishment der USA sowie durch Drohungen mit seiner Atommacht am Leben gehalten wird, oder sie kann versuchen, eine Offene Gesellschaft zu werden. Die zweite Wahlmöglichkeit hängt ab von einer ehrlichen Aufarbeitung der jüdischen Vergangenheit, von dem Eingeständnis, daß jüdischer Chauvinismus und jüdische Abgrenzung existieren sowie eine ehrliche Überprüfung der Haltung des Judaismus gegenüber Nichtjuden.

B) Vorurteile und Verfälschungen

Die erste Schwierigkeit bei der Behandlung dieses Themas besteht darin, daß der Begriff "Jude" während der letzten 150 Jahre zwei unterschiedliche Bedeutungen hatte. Um dies zu verstehen, versetzen wir uns in das Jahr 1780. Zu jener Zeit verstand man unter "Jude" genau das, was die Juden selbst als ihre eigene Identität ansahen. Diese Identität war vorwiegend religiös geprägt. Die religiösen Vorschriften regelten jede Einzelheit des täglichen Verhaltens in allen Lebenslagen sozialer und privater Art unter den Juden selbst sowie in ihren Beziehungen zu Nichtjuden. Es ist buchstäblich wahr, daß damals ein Jude noch nicht einmal ein Glas Wasser im Hause eines Nichtjuden trinken durfte. Dieselben Grundgesetze für das Verhalten gegenüber Nichtjuden galten gleichermaßen vom Jemen bis nach New York. Gleichgültig, mit welchem Begriff die Juden des Jahres 1780 auch beschrieben werden (ich möchte hier nicht in eine metaphysische Diskussion über Begriffe wie Nation und "Volk" eintreten) - es ist unstrittig, daß alle jüdischen Gemeinden jener Zeit sich von den sie umgebenden nichtjüdischen Gesellschaften abgrenzten.

Dies alles änderte sich jedoch durch zwei parallel verlaufende Prozesse, die in Holland und in England begannen und sich im revolutionären Frankreich und in den modernen Monarchien des 19. Jahrhunderts fortsetzten: Juden erhielten einen bedeutenden Teil der Individualrechte (in einigen Fällen sogar die volle Gleichheit), und die jüdischen Gemeinden verloren die gesetzliche Gewalt über ihre Mitglieder. Es ist dabei zu beachten, daß beide Entwicklungen gleichzeitig abliefen und die zweite, obwohl weit weniger bekannt als die erste, eine größerer Bedeutung hatte.

Seit der Zeit des späten Römischen Reiches übten die jüdischen Gemeinden beträchtliche Macht über ihre Mitglieder aus, und zwar nicht nur die Macht, die sich aus der freiwilligen Mobilisierung sozialen Druckes ergibt (z.b. das Verbot, mit einem exkommunizierten Juden irgendetwas zu tun zu haben oder sogar seinen Leichnam zu vergraben), sondern die Macht des nackten Zwanges wie etwa Prügelstrafe, Einkerkerung und Vertreibung.

All dies konnte das rabbinische Gericht über einen Juden für alle Arten von Vergehen legal verhängen. In vielen Ländern - Spanien und Polen sind herausragende Beispiele - war die Vollstreckung der Todesstrafe möglich, mitunter auch mit grausamen Methoden, wie das Auspeitschen bis zum Tode. Dies war nicht nur erlaubt, sondern wurde auch von staatlichen Stellen sowohl in christlichen als auch moslemischen Ländern gefördert, die neben dem allgemeinen Interesse an der Erhaltung von "Recht und Ordnung" in einigen Fällen auch direkte finanzielle Vorteile im Auge hatten. So enthalten z.b. spanische Akten des 13. und 14. Jahrhunderts viele von den frömmsten Katholischen Königen von Kastilien und Aragon erlassene Befehle, die ihre weniger strenggläubigen Beamten anwiesen, gemeinsam mit den Rabbinern die Einhaltung des Sabbats durchzusetzen. Warum? Verhängte nämlich ein rabbinisches Gericht gegen einen Juden wegen Verletzung des Sabbats eine Geldstrafe, so mußten die Rabbiner neun Zehntel der Strafe an den König abführen, was eine sehr profitable und wirksame Maßnahme war.

Man kann auch die Responsen anführen, die kurz vor 1832 der bekannte Rabbiner Mose Sofer aus Preßburg (jetzt Bratislava bzw. Pozsonyi), das damals zum autonomen ungarischen Königreich im österreichischem Kaiserreich gehörte, verfaßte und nach Wien ins eigentliche Österreich schickte, das den Juden schon beträchtliche Individualrechte gewährt hatte. Er beklagt sich über die Tatsache, daß die Juden es mit der Einhaltung religiöser Gesetze nicht mehr so genau nähmen, da die jüdische Gemeinde in Wien das Recht zur Bestrafung von Missetätern verloren hätte. Er fügte hinzu: "Als man mir hier in Preßburg sagte, daß ein jüdischer Ladeninhaber es wagte, sein Geschäft während der Halbfeiertage zu öffnen, schickte ich sofort einen Polizisten hin, um ihn einzusperren." Dies war die wichtigste soziale Tatsache der jüdischen Existenz vor dem Entstehen des modernen Staates: Die Juden setzten die Einhaltung der religiösen Gesetze des Judaismus mit physischem Zwang durch, dem man sich nur durch Übertritt zur Religion der Mehrheit entziehen konnte, was unter diesen Umständen einen totalen sozialen Bruch bedeutete und daher mit Ausnahme in einer religiösen Krise praktisch unmöglich war.

Mit dem Entstehen des modernen Staates verlor die jüdische Gemeinde ihr Recht, Juden zu bestrafen und zu bedrohen. Der Zusammenhalt einer der geschlossensten der "geschlossenen Gesellschaften", einer der totalitärsten Gesellschaften in der Weltgeschichte, zerbrach. Die Befreiung kam größtenteils von außen, auch wenn es einige wenige Juden gab, die von innen dazu beitrugen. Diese Form der Befreiung hatte ernste Folgen für die Zukunft. Im Fall Deutschland (nach der meisterhaften Analyse von A. J. P. Taylor) war es einfach, die Sache der Reaktion mit Patriotismus zu verbinden, da in der Tat die Armeen der Französischen Revolution und Napoleon die Individualrechte und die Gleichheit vor dem Gesetz nach Deutschland brachten. Man konnte daher die Freiheit als "undeutsch" brandmarken.

Genauso leicht (und zwar besonders in Israel) fiel den Juden, die Vorstellungen und Ideale von Humanität und Rechtsstaatlichkeit als "unjüdisch" oder "antijüdisch" - was sie in einem historischen Sinne tatsächlich sind - und als Prinzipien zu attackieren, die zwar gelten, wenn sie "jüdischen Interessen" nützen, aber ungültig sind, wenn sie "jüdischen Interessen" schaden, also sich z.B. Araber auf dieselben Prinzipien berufen. Dies führte, wiederum gerade in Deutschland und den anderen Nationen in Mitteleuropa, zu einer verfälschenden, sentimentalen und ultraromantischen jüdischen Geschichtsschreibung, aus der alle unbequemen Tatsachen ausgemerzt wurden. Auch in Hannah Arendts umfangreichen Schriften über den Totalitarismus oder über Juden oder über beide findet man nicht den geringsten Hinweis darauf, wie es in der jüdischen Gemeinschaft im 18.

Jahrhundert wirklich aussah: Bücherverbrennung, Verfolgung von Schriftstellern, Kontroversen über die magischen Kräfte von Amuletten, Verbot der elementarsten "nichtjüdischen" Ausbildung (wie der Deutschunterricht im korrekten Gebrauch der Sprache oder im Schreiben mit lateinischen Buchstaben). Niemand findet in den zahllosen in englischer Sprache abgefaßten "jüdischen Geschichtswerken" grundlegende Tatsachen über die Haltung der jüdischen Mystik (die derzeit in gewissen Kreisen so modisch ist) gegenüber Nichtjuden:

Sie werden - so wörtlich - als Körperteile des Satans angesehen, und die wenigen nichtsatanischen Personen unter ihnen (d.h. diejenigen, die zum Judaismus konvertierten) seien in Wirklichkeit "jüdische Seelen", die verlorengingen, als der Satan die heilige Frau (Schechina oder Matronit), einer der weiblichen Teile der Gottheit und nach der Kabbala die Schwester und die Ehefrau des jüngeren männlichen Gottes (in ihrem himmlischen Wohnsitz), schändete. Die großen Autoritäten wie Gerschom Scholem haben mit ihrem Ansehen ein System von Betrügereien in all den "sensiblen" Bereichen gestützt, wobei die besser bekannten unter ihnen auch die unehrlichsten und demagogischsten waren.

Als soziale Folge dieses Liberalisierungsprozesses konnte ein Jude zum ersten Mal seit etwa 200 n. Chr. innerhalb des bürgerlichen Rechts eines Landes frei handeln, ohne dafür den Preis des Übertritts zu einer anderen Religionsgemeinschaft zu zahlen. Die Freiheit, in modernen Sprachen abgefaßte Bücher kennenzulernen und zu lesen, die Freiheit, von den Rabbinern nicht autorisierte Bücher in Hebräisch zu lesen und zu schreiben (jedes hebräische oder jiddische Buch mußte zuvor genehmigt werden), die Freiheit, nichtkoschere Nahrungsmittel zu essen, die Freiheit, die zahllosen absurden Tabus hinsichtlich des Soziallebens zu ignorieren, ja sogar die Freiheit des Denkens ("verbotene Gedanken" zählen zu den schwersten Sünden), wurde den Juden in Europa (und später in anderen Ländern) von den modernen und sogar absolutistischen Regimen gewährt, obwohl letztere gleichzeitig antisemitisch und tyrannisch waren.

Der russische Zar Nikolaus I. war ein notorischer Antisemit und erließ zahlreiche Gesetze gegen die Juden in seinem Staate. Er stärkte jedoch die Kräfte von Recht und Ordnung in Rußland, und zwar nicht nur die Geheimpolizei, sondern auch die normale Polizei und die Gendarmerie, so daß es schwierig wurde, Juden auf Geheiß der Rabbiner zu ermorden, was in Polen vor 1795 recht einfach war. Die "offizielle" jüdische Geschichtsschreibung verurteilt Nikolaus I. deswegen in beiden Anklagepunkten. So befahl z.b. kurz vor 1840 ein "heiliger Rabbi" (ein Zaddik) in einer kleinen jüdischen Stadt in der Ukraine die Ermordung eines Häretikers, der in das kochende Wasser der städtischen Bäder geworfen werden sollte. Zeitgenössische jüdische Quellen vermerken mit Erstaunen und Erschrecken, daß Bestechung keine Wirkung mehr hatte und nicht nur die Täter, sondern auch der "heilige Mann" schwer bestraft wurden.

Das Regime von Metternich war in Österreich vor 1848 notorisch reaktionär und den Juden gegenüber sehr unfreundlich eingestellt, ließ aber nicht zu, daß liberale Rabbiner vergiftet wurden. Im Laufe des Jahres 1848, als die Staatsmacht vorübergehend geschwächt wurde, war das erste, was die Führer der jüdischen Gemeinde in der galizischen Stadt Lemberg (jetzt Lviv, Lwów bzw. Lvov) mit ihrer neuerlangten Freiheit taten, den liberalen Rabbiner der Stadt zu vergiften, den die winzige nichtorthodoxe jüdische Gruppe der Stadt aus Deutschland geholt hatte. Nebenbei bemerkt, als eine der größten Häresien galt die Befürwortung und tatsächliche Ausführung der Bar-Mizwa-Zeremonie, die kurz zuvor eingeführt wurde.

Befreiung von außen

In den letzten 150 Jahren hat der Begriff "Jude" eine doppelte Bedeutung erhalten, was besonders in den englischsprachigen Ländern einige gutmeinende Leute sehr verwirrte; sie meinten, daß die ihnen bekannten Juden, unter sozialen Gesichtspunkten gesehen, "repräsentativ" für die Juden "im allgemeinen" seien. In Osteuropa und in der arabischen Welt wurden die Juden von der Tyrannei ihrer eigenen Religion und ihrer eigenen Gemeinden durch äußere Kräfte befreit, jedoch zu spät und unter den Verhältnissen zu ungünstig für eine echte innere soziale Wandlung. In den meisten Fällen (besonders in Israel) hat sich die alte Vorstellung von der Gesellschaft, dieselbe Ideologie - speziell gegenüber Nichtjuden - sowie dasselbe vollständig falsche Geschichtsbild erhalten. Dies gilt auch für einige der Juden, die "fortschrittlichen" oder linken Bewegungen beitraten. Eine Untersuchung der radikalen, sozialistischen und kommunistischen Parteien fördert viele Beispiele versteckten jüdischen Chauvinismus und Rassismus derjenigen zutage, die diesen Parteien lediglich aus Gründen des "jüdischen Interesses" beitraten und in Israel eine Diskriminierung von "Nichtjuden" fordern. Man braucht nur nachzuprüfen, wieviele jüdische "Sozialisten" über den Kibbuz geschrieben haben, ohne auch nur einen Gedanken daran zu verschwenden, daß der Kibbuz eine rassistische Institution ist, die nichtjüdische Bürger Israels rigoros ausschließt, und daß dieses von uns angedeutete Phänomen keineswegs ungewöhnlich ist.

Ohne auf Ignoranz oder Heuchelei beruhende Klischees verwenden zu wollen, sieht man, daß das Wort Judentum (und die Wörter gleichen Ursprungs) zwei verschiedene und sogar gegensätzliche soziale Gruppen beschreibt; wegen der derzeitigen israelischen Politik schwindet das Kontinuum zwischen beiden sehr schnell.

Einerseits gibt es die traditionelle und oben behandelte totalitäre Bedeutung, andererseits aber auch Abstammungsjuden, die den von Karl Popper "Offene Gesellschaft" genannten Ideenkomplex nach innen verlagert haben. (Insbesondere in den USA gibt es aber auch solche, die diese Vorstellungen zwar nicht verinnerlicht haben, aber dennoch versuchen, damit hausieren zu gehen.) Man muß wissen, daß sämtliche angeblichen "jüdischen Charaktereigenschaften" (von unkundigen Viele der heutigen Juden hegt jedoch nostalgische Gefühle für dieses Milieu, das verlorene Paradies und die komfortable geschlossene Gesellschaft, aus der sie nicht so sehr befreit, sondern mehr vertrieben wurden. Ein großer Teil der zionistischen Bewegung wollte sie von jeher restaurieren - und gerade dieser Teil hat die

Oberhand gewonnen. Viele der hinter der israelischen Politik stehenden Motive, die die armen, verwirrten westlichen "Freunde Israels" oft so verblüffen, lassen sich erklären, sobald man sie schlicht und einfach als Reaktion in der politischen Bedeutung dieses Wortes ansieht, als eine auf Zwang beruhende und in vielerlei Hinsicht einfallsreiche und deshalb illusorische Rückkehr zur geschlossenen Gesellschaft der jüdischen Vergangenheit.

Hindernisse für das Verstehen

Wie aus der Geschichte bekannt, hat eine geschlossene Gesellschaft an ihrer Selbstbeschreibung kein Interesse, denn eine solche Beschreibung hat zweifellos teilweise die Form einer kritischen Analyse und ermutigt das Aussprechen vieler kritischer "verbotener Gedanken". Je offener eine Gesellschaft wird, desto aufgeschlossener ist sie zunächst einer beschreibenden und dann kritischen Selbstreflexion ihrer gegenwärtigen Funktion und ihrer Vergangenheit. Was geschieht aber, wenn eine Clique von Intellektuellen wünscht, eine schon zu einem beträchtlichen Teil geöffnete Gesellschaft in ihren früheren totalitären geschlossenen Zustand zurückzuversetzen? In diesem Falle werden die Mittel des früheren Fortschritts wie die Philosophie, die Naturwissenschaften, die Geschichtsschreibung und speziell die Soziologie zum wirksamsten Instrument des Verrats der Intellektuellen. Sie werden pervertiert, damit sie als Mittel des Betrugs dienen, und degenerieren im Laufe dieses Prozesses. Der klassische Judaismus war nur wenig interessiert an einer Selbstbeschreibung für die Mitglieder der eigenen Gemeinde, seien sie nun (durch talmudische Studien) gebildet oder nicht.

Bezeichnenderweise gibt es keine jüdische Geschichtsschreibung (nicht einmal im trockensten Chronistenstil) zwischen der Zeit des Flavius Josephus (Ende des 1. Jahrhunderts) und der Renaissance. Erst in der Renaissance blühte sie kurzzeitig in Italien und anderen Ländern auf, in denen die Juden unter starkem italienischen Einfluß standen. Es ist typisch für die Rabbiner, daß sie mehr noch die jüdische als die allgemeine Geschichte fürchteten.

So trug das erste moderne (im 16. Jahrhundert veröffentlichte) Geschichtsbuch den Titel Geschichte der Könige Frankreichs und der osmanischen Könige. Darauf folgten einige Geschichtswerke, die nur von den Verfolgungen handelten, unter denen die Juden zu leiden hatten.

Das erste Buch über die eigentliche jüdische Geschichte, es befaßte sich mit der Antike, verboten und unterdrückten die höchsten rabbinischen Autoritäten; es erschien erst wieder im 19. Jahrhundert. Die rabbinischen Autoritäten in Osteuropa verboten alle nichttalmudischen Untersuchungen, auch wenn sie darin nichts fanden, was dieses Verbot rechtfertigte. Die damit verbrachte Zeit solle besser zum Talmudstudium oder Geldverdienen verwandt werden, und das Geld könne wiederum zur Unterstützung der Talmudgelehrten benutzt werden. Ein Schlupfloch blieb jedoch offen, nämlich die Zeit, die auch ein frommer Jude zwangsweise auf dem Abort verbringen muß. Da an diesem unsauberen Ort das Studium heiliger Schriften verboten ist, war es erlaubt, Geschichtswerke dort zu lesen, vorausgesetzt, sie waren in Hebräisch abgefaßt und vollständig säkular, was letztlich bedeutete, daß sie ausschließlich nichtjüdische Themen behandeln durften. (Man kann sich vorstellen, daß die wenigen Juden dieser Zeit, die - zweifellos durch satanische Versuchung - ein Interesse an der Geschichte der französischen Könige entwickelten, sich dauernd bei ihren Nachbarn über die Verstopfung beklagten...) So befand sich vor zweihundert Jahren der überwiegende Teil der Juden in geistiger Dunkelheit, nicht nur, was die Existenz Amerikas, sondern auch die jüdische Geschichte und den damaligen Zustand des Judentums betraf. Und sie waren sehr einverstanden damit, daß es dabei blieb.

Totalitäre Geschichte

Bei einer Sache durften sie jedoch nicht in der Selbstgenügsamkeit verweilen, nämlich bei christlichen

Angriffen gegen die Passagen des Talmud und der talmudischen Literatur, die sich gegen Nichtjuden im allgemeinen und Christen im besonderen richteten. Man muß wissen, daß solche Angriffe erst relativ spät in der Geschichte der christlich-jüdischen Beziehungen auftraten, und zwar vom 13. Jahrhundert an. (Vor dieser Zeit gingen die christlichen Autoritäten gegen den Judaismus entweder mit der Bibel oder mit allgemeinen Argumenten vor. Der Talmud war ihnen anscheinend ziemlich unbekannt.) Die christliche Kampagne gegen den Talmud leiteten offensichtlich von zum Christentum übergetretene Juden ein, die den Talmud sehr gut kannten und sich in vielen Fällen von der Entwicklung der christlichen Philosophie mit ihren starken aristotelischen (und somit universellen) Charakter angezogen fühlten. Man muß vorausschicken, daß der Talmud und die talmudische Literatur - ganz abgesehen von den allgemeinen Andeutungen gegen Nichtjuden, die sich durch sie ziehen und ausführlich im Kapitel V ("V Gesetze gegen Nichtjuden") behandelt werden - einige sehr anstößige, besonders gegen das Christentum gerichtete Aussagen und Vorschriften enthalten.

Neben einer Reihe von skurrilen, unbewiesenen Behauptungen über das Sexualleben von Jesus, schreibt z.B. der Talmud, daß seine Strafe in der Hölle darin bestehe, in kochende Exkremente eingetaucht zu werden.

Diese Aussage zielt nicht gerade darauf ab, den Talmud bei frommen Christen beliebt zu machen. Man kann aber auch die Vorschrift zitieren, nach der die Juden angewiesen werden, jedes Exemplar des Neuen Testaments, das ihnen in die Hände fällt, möglichst öffentlich zu verbrennen. Diese Vorschrift ist zwar nicht mehr in Kraft, wird aber heute noch praktiziert, wie etwa am 23. März 1980, als Hunderte von Exemplaren des Neuen Testaments öffentlich und zeremoniell in Jerusalem unter der Schirmherrschaft von "Jad Le Achim", einer religiösen jüdischen und vom israelischen Religionsministerium unterstützten Organisation, verbrannt wurden.

Jedenfalls setzten in vielen Punkten gut begründete Angriffe gegen den talmudischen Judaismus im Europa des 13. Jahrhunderts ein. Wir führen hier nicht die auf Unwissenheit beruhenden Verleumdungen an, wie die von geistig zurückgebliebenen Mönchen in kleinen Provinzstädten verbreitete Blutlüge, sondern die in den damals besten Universitäten Europas abgehaltenen und weitgehend unparteiisch geführten Disputationen, wie sie damals unter den Gegebenheiten des Mittelalters möglich waren. Was war nun die jüdische oder - besser gesagt: die rabbinische - Reaktion? Die einfachste Antwort bestand darin, daß man die alte Waffe der Bestechung herausholte und Beziehungen spielen ließ. In den meisten europäischen Ländern konnte man fast alles durch ein Schmiergeld regeln. Nirgendwo galt dieser Grundsatz mehr als im Rom der Renaissancepäpste. Die Erstausgabe des vollständigen Kodex des talmudischen Gesetzes, die Mischne Tora von Maimonides, angefüllt nicht nur mit den widerwärtigsten Vorschriften gegen alle Nichtjuden, sondern auch mit expliziten Angriffen gegen das Christentum und gegen Jesus (dessen Namen der Autor mit dem frommen Zusatz "möge der Name des Verruchten vergehen" versieht), wurde im Jahre 1480 von anstößigen Stellen ungereinigt in Rom unter Sixtus IV., eines politisch sehr aktiven Papstes, der sich dauernd in ernsten Geldnöten befand, veröffentlicht. (Einige Jahre zuvor wurde die ältere Ausgabe des Goldenen Esel von Apulejus, aus dem die heftigen Angriffe gegen das Christentum nicht beseitigt wurden, gleichfalls in Rom veröffentlicht.) Alexander VI. aus der Familie der Borgia war ebenfalls sehr liberal in dieser Hinsicht.

Wie vorher gab es auch in dieser Zeit immer Länder, in denen zeitweilig eine Welle antitalmudischer Verfolgung ausbrach. Doch mit der Reformation und der Gegenreformation setzte ein weitreichender und folgerichtiger Ansturm ein, als sich eine höhere intellektuelle Ehrlichkeit und bessere Hebräischkenntnisse unter den christlichen Gelehrten verbreiteten. Vom 16. Jahrhundert an wurde die gesamte talmudische Literatur einschließlich des Talmuds in verschiedenen Ländern der Zensur unterworfen, in Rußland bis zum Jahre 1917. Während einige Zensoren, wie etwa in Holland, etwas laxer bei der Handhabung der Zensur vorgingen, verfuhren andere weitaus strenger und beseitigten oder änderten die anstößigen Passagen.

Alle modernen wissenschaftlichen Untersuchungen über den Judaismus, insbesondere die von Juden stammenden, haben sich aus diesem Konflikt heraus entwickelt. Bis heute tragen sie noch die unverkennbaren Züge ihres Ursprungs: Betrug, Apolegetik oder feindliche Polemik, Gleichgültigkeit oder sogar aktive Feindschaft gegenüber der Suche nach Wahrheit. Von damals bis zum heutigen Tag sind deshalb alle sogenannten jüdischen Studien über den Judaismus als Polemiken gegen einen äußeren Feind und nicht als interne Debatte gedacht.

Man muß wissen, daß dies anfänglich für die gesamte Geschichtsschreibung in allen bekannten Kulturkreisen kennzeichnend war (mit Ausnahme des antiken Griechenlands, wo die frühen liberalen Historiker später von den Sophisten wegen ihres mangelnden Patriotismus angegriffen wurden!). Dies gilt auch für die ersten katholischen und protestantischen Historiker, die gegeneinander polemisierten.

Desgleichen sind die ersten nationalen Geschichtswerke in Europa mit gröbstem Nationalismus und mit Geringschätzung gegenüber anderen Nationen getränkt. Früher oder später kommt jedoch eine Zeit, in der man den Versuch macht, nationale oder religiöse Gegnerschaft zu verstehen und gleichzeitig tiefgreifende und wichtige Aspekte der eigenen Geschichte kritisch zu beleuchten. Diese beiden Entwicklungen laufen gleichzeitig ab. Nur wenn, wie es Pieter Geyl so gut ausgedrückt hat, die Geschichtsschreibung "eine Debatte ohne Ende" wird und keine Fortsetzung des Krieges mit historiographischen Mitteln bleibt, wird eine humane, nach Genauigkeit und Ausgewogenheit strebende Geschichtsschreibung möglich; sie wird dann zu einem der wirkungsvollsten Instrumente des Humanismus und der Selbsterziehung.

Gerade aus diesem Grunde schreiben die modernen totalitären Regimes die Geschichte um oder bestrafen Historiker. Wenn eine ganze Gesellschaft die Rückkehr zum Totalitarismus versucht, wird totalitäre Geschichte geschrieben, und zwar durchgesetzt nicht durch den Zwang von oben, sondern durch den viel wirksameren Druck von unten. Gerade dies geschah in der jüdischen Geschichte und bildet das erste Hindernis, das wir überwinden müssen.

Verteidigungsmechanismen

Wie sahen nun neben der oben erwähnten Bestechung die Mechanismen aus, die die jüdischen Gemeinden gemeinsam mit äußerster Kraft einsetzten, um den Angriff auf den Talmud und die andere religiöse Literatur abzuwehren? Es lassen sich mehrere Methoden unterscheiden, von denen alle die wichtigen politischen Folgen haben, die sich in der gegenwärtigen israelischen Politik zeigen. Es wäre ermüdend, in jedem Falle auf die Parallelen zu Begin oder zu Ben Gurion hinzuweisen; ich bin sicher, daß der mit der Politik im Nahen Osten etwas vertraute Leser selbst die Ähnlichkeit bemerken wird. Der erste Mechanismus, der hier behandelt werden soll, ist der mit äußerlicher Unterwerfung verbundene heimliche Widerstand.

Wie schon oben gesagt, mußten die gegen das Christentum oder gegen Nichtjuden gerichteten talmudischen Passagen entfernt oder geändert werden - der Druck war allzu stark. Man tat folgendes: Einige der anstößigsten Passagen wurden aus allen in Europa nach der Mitte des 16. Jahrhunderts gedruckten Ausgaben herausgenommen. In allen anderen Passagen ersetzte man die Ausdrücke "Heide", "Nichtjude", "Fremder" (Goi, Eino Jehudi, Nochri), die in allen frühen Manuskripten und Druckwerken sowie in sämtlichen in islamischen Ländern veröffentlichten Ausgaben standen, durch Begriffe wie "Götzenanbeter", "Heide" oder sogar Kanaaniter oder "Samariter", die sich leicht wegerklären lassen, die aber ein jüdischer Leser als Euphemismus für die alten Ausdrücke erkennen konnte.

Mit den sich steigernden Angriffen wurde die Verteidigung immer subtiler, mit zuweilen dauerhaft tragischen Ergebnissen.

Zu bestimmten Zeiten wurde die Zensur im zaristischen Rußland immer strenger, und als die oben erwähnten Euphemismen enttarnt wurden, verbot man sie. Daraufhin nahmen die rabbinischen Autoritäten als Ersatz die Begriffe "Araber" oder "Moslem" (in Hebräisch "Ismaeliter" - was beides bedeutet) oder gelegentlich auch "Ägypter" und kalkulierte ganz richtig, daß die zaristische Behörden gegen diese Art des Mißbrauchs nichts einwenden würden. Gleichzeitig wurden Listen der talmudischen Auslassungen in Manuskriptform in Umlauf gebracht, die alle neuen Begriffe erläuterten und alle Auslassungen herausstellten.

Gelegentlich druckte man eine Distanzierung vor der Titelseite eines jeden Bandes der talmudischen Literatur, in der man feierlich und manchmal auch eidlich bekräftigte, daß alle feindseligen Ausdrücke in dem betreffenden Band nur gegen die Götzenverehrer der Antike oder sogar gegen die längst untergegangenen Kanaaniter gerichtet seien und nicht gegen "die Menschen, in deren Land wir leben".

Nach der Eroberung Indiens durch die Briten gebrauchten einige Rabbiner die Schutzbehauptung, daß alle von ihnen verwendeten, besonders schimpflichen und herabsetzenden Ausdrücke nur für die Inder gedacht wären. Manchmal benutzte man auch die Ureinwohner Australiens als Prügelknaben.

Selbstverständlich war alles von Anfang bis Ende ein vorsätzlicher Betrug, denn als sich nach der Gründung des Staates Israels die Rabbiner erst einmal sicher fühlten, nahmen sie alle anstößigen Passagen und Ausdrücke in alle neuen Ausgaben ohne Zögern wieder auf. (Wegen der enormen Kosten, die mit einer neuen Ausgabe verbunden sind, ist ein beträchtlicher Teil der talmudischen Literatur einschließlich des Talmuds selbst noch immer ein Nachdruck der älteren Ausgaben. Aus diesem Grunde wurden die oben genannten talmudischen Auslassungen jetzt in Israel in einer billigen Ausgabe mit dem Titel Chesronot Schas veröffentlicht.) Man kann also jetzt ganz frei solche Passagen lesen (und den jüdischen Kindern werden sie tatsächlich auch beigebracht), wie diejenige, in der steht, daß jeder Jude beim Vorbeigang eines jüdischen Friedhofs seinen

Segen aussprechen, aber an einem nichtjüdischen Friedhof die Mütter der Toten verfluchen muß.

In den alten Ausgaben wurde der Fluch weggelassen oder einer der Tarnnamen für "Nichtjude" eingesetzt. In der neuen israelischen Ausgabe des Rabbiners Adin Steinsalz (komplett mit hebräischen Erläuterungen und Glossaren zum aramäischen Teil des Textes, so daß die Schulkinder nicht im Zweifel darüber sind, was sie sagen sollen) nahm man die unzweideutigen Wörter "Nichtjuden" und "Fremde" wieder auf.

Unter äußerem Druck bereinigten oder änderten die Rabbiner in betrügerischer Absicht gewisse Passagen, aber nicht die in ihnen vorgeschriebenen Praktiken. Es bleibt eine Tatsache, daß unsere totalitäre Gesellschaft jahrhundertelang barbarische und inhumane Bräuche anwandte, um den Geist ihrer Mitglieder zu vergiften. Dies geschieht heute noch. (Diese inhumanen Bräuche können nicht als bloße Reaktion auf den Antisemitismus oder die Judenverfolgungen wegerklärt werden. Sie sind unbegründete Barbareien, die sich gegen jedes menschliche Wesen richten. Ein frommer Jude, der zum ersten Mal nach Australien kommt und dabei zufällig an einem Friedhof der Ureinwohner vorbeikommt, muß als kultische Handlung die Mütter der dort Begrabenen verfluchen.) Wenn wir dieser harten Tatsache nicht ins Gesicht schauen, werden wir alle zu Beteiligten an der Täuschung und zu Komplizen bei der Vergiftung der heutigen und künftigen Generationen mit allen ihren Konsequenzen.

Die Täuschung geht weiter

Moderne Gelehrte des Judaismus führten nicht nur die Täuschung fort, sondern übertrafen noch die alten rabbinischen Methoden an Frechheit und an Verlogenheit. Da die verschiedenen geschichtlichen Darstellungen des Antisemitismus nicht einen ernsten Gedanken wert sind, will ich sie hier übergehen.

Stattdessen führe ich drei besondere Beispiele und ein allgemeines Beispiel der moderneren "akademischen" Täuschungen an.

Im Jahre 1962 erschien im Jerusalem ein Teil des oben erwähnten Maimonidischen Kodex, das sogenannte Buch der Gebote und Verbote mit den Grundregeln des jüdischen Glaubens und der Religionsausübung als eine zweisprachige Ausgabe, bei der die englische Übersetzung dem hebräischen Text gegenübergestellt ist. Der hebräische Text wurde in seiner ursprünglichen Fassung wiedergegeben, wobei das Gebot, jüdische Ungläubige auszurotten, in voller Länge angeführt ist: "Es ist eine Pflicht, diese mit eigener Hand auszurotten." Die englische Übersetzung ist etwas abgeschwächt: "Es ist die Pflicht, aktive Maßnahmen zu ergreifen, um sie zu vernichten". Dann aber führt der hebräische Text genaue Beispiele der "Ungläubigen " an, die auszurotten sind: "Solche Leute wie Jesus von Nazareth und seine Schüler sowie Sadok und Baitos und deren Gefolgsleuten; möge der Name der Verruchten verrotten". Nicht ein Wort davon erscheint im englischen Text auf der gegenüberliegenden Seite (Seite 78 a).

Bezeichnend dabei ist, daß trotz der weiten Verbreitung dieses Buches unter den Gelehrten in den englischsprachigen Ländern keiner von ihnen meines Wissens nach gegen diese eklatante Täuschung protestiert hat. Das zweite Beispiel stammt aus den USA, und hier wiederum aus der englischen Übersetzung eines Buches von Maimonides, der nicht nur den Talmud kodifizierte, sondern auch ein großer Philosoph war. Sein Führer der Verirrten wird mit Recht als eines der größten Werke der jüdischen Religionsphilosophie betrachtet, von vielen Menschen gelesen und noch heute benutzt. Neben seiner Haltung gegenüber Nichtjuden im allgemeinen und Christen im besonderen war Maimonides leider auch ein schwarzenfeindlicher Rassist. Am Ende des Führers behandelt er in einem entscheidenden Kapitel (Buch III, Kapitel 51) die Frage, wie die verschiedenen Gruppen der Menschheit den höchsten religiösen Wert, nämlich die echte Gottesanbetung, erreichen können. Zu denen, die nicht fähig sind, sich diesem Ziel auch nur zu nähern, gehören: Einige der

Türken [d.h. die mongolische Rasse] und die Nomaden im Norden sowie die Schwarzen und die Nomaden im Süden und all diejenigen, die ihnen in unseren Landstrichen ähneln.

Ihre Natur entspricht der Beschaffenheit stummer Tiere, und nach meiner Meinung stehen sie nicht auf dem Stand von Menschen, und bei allen belebten Dingen stehen sie unter dem Menschen und über dem Affen, da sie dem Aussehen nach mehr Menschen als Affen ähneln. Was soll man mit so einer Passage in dem wichtigsten und unumgänglich notwendigen Buch des Judaismus tun? Der Wahrheit und ihren Konsequenzen ins Gesicht sehen? Gott behüte! Zugeben (wie z.b. viele christliche Gelehrte in ähnlichen Situationen), daß eine hohe jüdische Autorität fanatische schwarzenfeindliche Ansichten pflegt und durch dieses Zugeständnis den Versuch einer Selbsterziehung zu echter Menschlichkeit machen? Vergessen Sie diesen Gedanken. Ich kann mir schon die jüdischen Gelehrten in den USA vorstellen, wie sie sich zu Beratungen zurückziehen und fragen, was zu tun sei, denn das Buch mußte wegen der schwindenden Kenntnis des Hebräischen unter den amerikanischen Juden übersetzt werden. Sei es durch Beratung oder persönliche Inspiration, eine glückliche "Lösung" wurde gefunden: In der weitverbreiteten amerikanischen Übersetzung des Führers von einem gewissen Friedlander, die zuerst im Jahre 1923 veröffentlicht wurde und dann in vielen Neuauflagen, auch in mehreren Taschenbuchausgaben, herauskam, ist das hebräische Wort Kuschim mit der Bedeutung "Schwarze" einfach transkribiert worden und erscheint als "Kushites", ein bedeutungsloses Wort, wenn man kein Hebräisch kann oder von einem gütigen Rabbiner nicht mündlich aufgeklärt wird. Während all dieser Jahre fiel nicht ein Wort, um diese einleitende Täuschung oder die sozialen Tatsachen, auf denen sich diese Fortdauer der Täuschung gründet, herauszustellen.

Und dies begab sich während der ganzen Aufregung über die von so vielen Rabbinern unterstützten Kampagnen Martin Luther Kings, ganz zu schweigen von den anderen jüdischen Persönlichkeiten, denen die schwarzenfeindliche rassistische

Haltung bekannt sein mußte, die ein Teil ihres jüdischen Erbes ist.

Viele der rabbinischen Helfer Martin Luther Kings waren, wie man zwangsläufig annehmen muß, schwarzenfeindliche Rassisten, die ihn wegen des "jüdischen Interesses" aus taktischen Gründen (und um schwarze Unterstützung für das amerikanische Judentum und Israels Politik zu gewinnen) unterstützten.

Oder es waren ausgebuffte, ja fast schon schizophrene Heuchler, die sich sehr schnell von einer versteckten Freude an fanatischem Rassismus auf erklärte Anhängerschaft eines antirassistischen Kampfes und dann wieder umgekehrt umstellen konnten.

Das dritte Beispiel stammt aus einem Werk, das einen weitaus geringeren wissenschaftlichen Anspruch erhebt, aber gerade deswegen weiter verbreitet ist: The Joys of Yiddish von Leo Rosten. Dieses heitere Buch, zuerst in den Vereinigten Staaten im Jahre 1968 und dann in vielen Neuauflagen einschließlich einiger Penguin Paperbacks veröffentlicht, ist eine Art Glossar jiddischer Wörter, die Juden und sogar Nichtjuden in den englischsprachigen Ländern oft gebrauchen. Jeder Eintrag enthält nicht nur eine ausführliche Definition und mehr oder weniger amüsante Anekdoten zur Veranschaulichung des Gebrauchs, sondern auch mehr oder weniger korrekte etymologische Angaben über die Sprache, aus der das Wort in das Jiddische übernommen wurde, und welche Bedeutung es in jener Sprache hat. Eine Ausnahme bildet dabei Shaygets mit Hauptbedeutung "nichtjüdischer Junge oder nichtjüdischer junger Mann". Als dunkle etymologische Erklärung ist "hebräischen Ursprungs" angegeben, ohne genau mitzuteilen, welche Form oder Bedeutung das ursprüngliche hebräische Wort hat. Unter Shiksa, der weiblichen Form von Shaygets, gibt der Autor das ursprüngliche hebräische Sheqetz (oder Sheques in seiner Transskription) an und erklärt die hebräische Bedeutung mit blemish. Dies ist eine glatte Lüge, wie jeder Sprecher des Hebräischen weiß. Das in Israel herausgegebene Megiddo Modern Hebrew- English Dictonary definiert Sheqetz ganz richtig als: "unclean animal; loathsome creature, abomination, wretch, unruly youngster; Gentile youngster" (Anm.d.Übers.: "unsauberes Tier; ekelhafte Kreatur, Scheusal, Lump, widerspenstiger Bursche, nichtjüdischer Bursche").

Das letzte und allgemeinere Beispiel ist, falls überhaupt möglich, noch schockierender als die anderen und betrifft die Haltung der chassidischen Bewegung gegenüber Nichtjuden. Der Chassidismus, eine Fortführung (und eine Verfälschung!) der jüdischen Mystik, ist noch immer ein lebendige Bewegung mit Hunderttausenden von aktiven Anhängern, die fanatisch auf ihre "heiligen Rabbis" eingeschworen sind.

Einige von ihnen haben beträchtlichen politischen Einfluß in Israel, darunter auf die Führer der meisten Parteien und noch mehr auf die höheren Ränge der Armee.

Wie ist also nun die Einstellung dieser Bewegung gegenüber Nichtjuden? Als Beispiel sei hier das berühmte grundlegende Buch Hatanya der Chabad-Bewegung angeführt, eines der wichtigsten Ablegers des Chassidismus. Nach diesem Buch sind alle Nichtjuden ausnahmslos satanische Kreaturen, "in denen absolut nichts Gutes ist". Sogar ein nichtjüdischer Embryo unterscheidet sich qualitativ von einem jüdischen. Die ganze Existenz eines Nichtjuden ist "entbehrlich", wogegen die gesamte Schöpfung allein um der Juden willen erfolgte.

Dieses Buch erschien in zahllosen Auflagen, und seine Vorstellungen werden in den zahllosen Diskursen des derzeitigen, geborenen Führers des Chabad, dem sogenannten Ljubawitscher Rabbi M. M. Schneuerssohn, weiterverbreitet, der diese mächtige weltweite Organisation von seinem Hauptquartier in New York aus leitet. In Israel erfolgt die Verbreitung dieser Ideen in der Öffentlichkeit, in den Schulen und in der Armee. (Nach dem Zeugnis von Schulamit Aloni, Mitglied der Knesset, erfuhr diese Propaganda des Chabad eine Steigerung vor der israelischen Invasion des Libanon im März 1978, um Militärärzte und Krankenschwestern zu veranlassen, "verwundeten Nichtjuden" medizinische Hilfe vorzuenthalten.

Diese naziähnliche Anweisung galt nicht speziell für Araber oder für Palästinenser, sondern schlicht und einfach für Nichtjuden, Gojim.) Der frühere israelische Präsident Schasar war ein glühender Anhänger des Chabad, und viele hohe israelische und amerikanische Politiker, allen voran Premierminister Begin, machten dieser Bewegung den Hof und unterstützten sie öffentlich. Trotz der hohen Unbeliebtheit des Ljubawitscher Rabbi: In Israel wird er heftig kritisiert, da er sich weigert, auch nur zu Besuch nach Israel zu kommen. Er bleibt aus obskuren messianischen Gründen in New York, obwohl seine schwarzenfeindliche Haltung dort notorisch ist.

Die Tatsache, daß trotz dieser praktischen Schwierigkeiten der Chabad von so vielen hohen Persönlichkeiten in der Politik öffentlich unterstützt werden kann, geht zum großen Teil auf die vollkommen unredliche und irreführende Behandlung durch die meisten Gelehrten zurück, die über die chassidische Bewegung und ihren Ableger Chabad geschrieben haben. Dies gilt besonders für alle Personen, die über diese Bewegung in englischer Sprache schreiben und geschrieben haben. Sie vertuschen die offenkundige Konzeption der alten chassidischen Texte sowie der aktuell daraus folgenden politischen Konsequenzen. Diese fallen sogar dem gelegentlichen Leser der hebräischen Presse auf, weil der Ljubawitscher Rabbi und andere chassidische Führer hier unablässig die blutrünstigsten Behauptungen und Ausfälle gegen alle Araber veröffentlichen. Der Hauptbetrüger in diesem Falle und ein gutes Beispiel für die Macht der Täuschung ist Martin Buber. In seinen zahlreichen Werken hebt er die gesamte chassidische Bewegung (einschließlich des Chabad) in den Himmel und zeigt weniger die tatsächlichen Lehrmeinungen des Chassidismus hinsichtlich der Nichtjuden auf.

Das Verbrechen der Fälschung ist um so größer angesichts der Tatsache, daß Buber seine Lobpreisungen des Chassidismus zuerst in deutsch während des Aufstiegs des deutschen Nationalismus und der Machtübernahme der Nationalsozialisten veröffentlichte. Angeblich war er ein Gegner des Nationalsozialismus, glorifizierte aber eine Bewegung, die

Lehrmeinungen über Nichtjuden vertritt, die denen der Nationalsozialisten über die Juden nicht nachstehen. Man könnte natürlich sagen, daß die chassidischen Juden vor 70 oder 50 Jahren die Opfer waren und eine "Notlüge" zugunsten eines Opfers entschuldbar sei. Die Folgen solch einer Täuschung sind jedoch unermeßlich. Bubers Werke wurden ins Hebräische übersetzt und zu einem mächtigen Element der hebräischen Erziehung in Israel. Sie erhöhten stark die Macht der blutrünstigen chassidischen Führer und sind somit zum großen Teil verantwortlich für das Anwachsen des israelischen Chauvinismus und des Hasses gegenüber allen Nichtjuden. Wenn man an die vielen Menschen denkt, die nur darum starben, weil von der chassidischen Propaganda aufgestachelte Sanitäterinnen der israelischen Armee ihnen ihre Hilfe verweigerten, dann liegt die schwere Last für deren Blut auf dem Haupt von Martin Buber.

Ich muß hier erwähnen, daß Buber mit seiner Lobhudelei des Chassidismus andere jüdische Gelehrte weit übertraf, und zwar vor allem diejenigen, die in Hebräisch (oder früher in Jiddisch) oder sogar in europäischen Sprachen, allerdings nur für eine jüdische Leserschaft, schreiben. Bei Fragen der internen jüdischen Interessen hat es einmal eine starke und gerechtfertigte Kritik der chassidischen Bewegung gegeben. Ihr Frauenhaß (viel extremer als in der gesamten jüdischen Orthodoxie üblich), ihre Alkoholexzesse, ihr fanatischer Kult mit ihren erblichen "heiligen Rabbis", die ihnen Geld abpressen, ihre zahllosen abergläubischen Vorstellungen - diese und viele andere negative Charakterzüge wurden mit Kritik begleitet. Doch Bubers sentimentale und betrügerische Romantisierung hat besonders in den USA und in Israel die Oberhand gewonnen, da sie mit der totalitären Bewunderung für alles "echt Jüdische" in Einklang stand und bestimmte "linke" jüdische Kreise, auf die Buber einen besonders großen Einfluß hatte, diese Ansichten übernahmen.

Buber stand mit seinen Ansichten aber nicht allein, obwohl er meines Erachtens wegen der Verderbtheit, die er verbreitete, und wegen des Einflusses, den er hinterlassen hat, der weitaus Übelste war. Es gab andere, wie den einflußreichen Soziologen und Bibel-Gelehrten Jecheskel Kaufmann, ein Befürworter des Völkermordes nach dem Vorbild des Buches Josua, und den Philosophen der idealistischen Richtung Hugo Schmuhl Bergman, der schon in den Jahren 1914 und 1915 die Vertreibung aller Palästinenser in den Irak und in viele andere Länder propagierte. Nach außen hin waren sie zwar alle "Tauben", prägten jedoch Formulierungen, die man im extremsten antiarabischen Sinne handhaben konnte. Alle neigten dem religiösen Mystizismus zu, der die Verbreitung von Täuschungen begünstigte, und alle schienen milde Seelen zu sein, die anscheinend keiner Fliege etwas zuleide tun konnten, auch wenn sie für Vertreibung, Rassismus und Völkermord eintraten.

Gerade aus diesem Grunde war die Wirkung ihres Betrugs um so größer. Unser Kampf muß sich gegen die Glorifizierung der Inhumanität richten, die nicht nur von den Rabbis und den Rabbinern, sondern auch von denen propagiert wird, die man als die größten und sicherlich einflußreichsten Gelehrten des Judaismus ansieht.

Geführt werden muß dieser Kampf auch gegen die modernen Nachfolger der falschen Propheten und der unredlichen Priester. Eben weil in Israel und unter der überwältigenden Mehrheit der Juden in Ländern wie den USA eine nahezu einhelligen Meinung vorherrscht, müssen wir des Lucretius Warnung wiederholen, nicht auf ein eigenes Urteil zugunsten der Tiraden der Priester zu verzichten: Tantum religio potuit suadere malorum (Zu soviel Bösem werden Menschen durch die Religion getrieben). Nicht immer ist die Religion, wie Marx sagte, das Opium des Volks, kann es jedoch oft sein. Benutzt man sie jedoch in diesem Sinne durch die Verdrehung und die falsche Darstellung ihrer echten Natur, so werden die Gelehrten und Intellektuellen, die diese Aufgabe übernehmen, zu Opiumschmugglern.

Aus dieser Analyse können wir noch eine allgemeinere Schlußfolgerung ziehen über die wirksamsten und erschreckendsten Mittel, jemanden dazu zu bringen, Böses zu tun, zu betrügen und zu täuschen sowie ganze Völker zu korrumpieren und sie zur Unterdrückung und Mord zu treiben, die Hände aber gleichzeitig in Unschuld zu waschen. Zweifellos sind die schrecklichsten Maßnahmen zur Unterdrückung im Westjordanland durch jüdischen religiösen Fanatismus motiviert. Die meisten Menschen nehmen anscheinend an, daß der schlimmste Totalitarismus physischen Zwang anwendet. Sie würden auf Orwells 1984 als ein Modell verweisen, das solch eine Herrschaft verdeutlicht. Mir aber scheint, daß diese allgemeine Ansicht ein grobes Mißverständnis ist. Die Erkenntnis von Isaac Asimov, dessen Science-Fiction-Erzählungen die schlimmste Unterdrückung immer verinnerlichten, trifft viel besser auf die Gefahren der menschlichen Natur zu. Den zahmen Gelehrten Stalins drohten Tod oder Konzentrationslager. Die Rabbiner dagegen und mehr noch die hier angegriffenen Gelehrten einschließlich des ganzen Abschaums der ebenso schweigenden geistigen Dutzendware, wie Schriftsteller, Journalisten und Prominente, die mehr als sie lügen und betrügen, mußten lediglich sozialen Druck fürchten. Sie lügen aus Patriotismus heraus, da sie es für ihre Pflicht halten, im vermeintlichen jüdischen Interesse zu lügen. Sie sind eben patriotische Lügner, und gerade der nämliche Patriotismus verurteilt sie zum Schweigen, wenn es um die Diskriminierung und die Unterdrückung der Palästinenser geht.

Im vorliegenden Fall haben wir es mit einer anderen Gruppenloyalität zu tun, die von außen kommt und manchmal größeren Schaden anrichtet. Viele Nichtjuden (einschließlich des christlichen Klerus und religiöser Laien sowie einiger Marxisten jedweder Couleur) sind der wunderlichen Meinung, daß eine Möglichkeit, für die Verfolgung der Juden zu "büßen", darin besteht, die Untaten der Juden zu verschweigen und sich an ihren Notlügen zu beteiligen.

Die krude Beschuldigung des "Antisemitismus" (oder, im Fall der Juden, des "Selbsthasses") gegen jeden, der gegen die Diskriminierung der Palästinenser protestiert oder auf eine zur "genehmigten Version" nicht passende Tatsache über die jüdische Religion oder die jüdische Vergangenheit hinweist, wird mit größerer Feindschaft und Vehemenz von den nichtjüdischen "Freunden der Juden" als von den Juden selbst erhoben.

Gerade die Existenz und der große Einfluß dieser Gruppe in allen westlichen Ländern und insbesondere in den USA (sowie in anderen englischsprachigen Ländern) gestattet den Rabbinern und den Gelehrten des Judaismus, ihre Lügen nicht nur ohne Gegenwehr, sondern mit beträchtlicher Hilfe zu verbreiten.

In der Tat haben viele erklärte "Antistalinisten" lediglich die Objekte ihrer Anbetung ausgetauscht, und sie neigen dazu, den jüdischen Rassismus und Fanatismus mit mehr Eifer und größerer Perfidie zu unterstützen als die meisten gläubigen Stalinisten in der Vergangenheit. Obwohl die blinde und stalinistische Unterstützung für alles Böse, solange es nur "jüdisch" ist, besonders stark seit 1945 war, als die Wahrheit über die Ausrottung der europäischen Juden bekannt gegeben wurde, ist es ein Fehler anzunehmen, daß dieses Phänomen erst damals auftrat. Ganz im Gegenteil, es läßt sich weit zurückverfolgen, besonders bis in sozialdemokratische Kreise hinein. Moses Hess; einer von Marx' früheren Freunden und bekannt als einer der ersten Sozialisten in Deutschland, entpuppte sich später als extremer jüdischer Rassist, dessen im Jahre 1858 veröffentlichte Ansichten über die "reine jüdische Rasse" ein vergleichbarer Quatsch wie die "reine arische Rasse" ist. Die deutschen Sozialisten jedoch, die gegen deutschen Rassismus kämpften, schwiegen sich über den jüdischen Rassismus aus.

Während des Krieges gegen Hitler verabschiedete die britische Labour-Party 1944 einen Plan zur Austreibung der Palästinenser aus Palästina, der Hitlers frühen Plänen (von etwa 1941) hinsichtlich der Juden gleichkommt. Diesen Plan wurde unter dem Druck der jüdischen Mitglieder der Parteiführung gebilligt, von denen sich viele stärker nach dem Motto "eigene Mischpoche zuerst" bei der israelischen Politik richteten, als es die konservativen Vertreter von "eigene Sippe zuerst" für Ian Smith je getan haben.

Da stalinistische Tabus auf der Linken in Großbritannien stärker als auf der Rechten wirken, findet fast keine Diskussion statt, auch wenn die Labour-Party die Regierung Begin unterstützte. In den USA herrscht ein ähnlicher Zustand, und auch hier sind wiederum die amerikanischen Liberalen die schlimmsten.

Dies ist nicht der Platz, an dem alle politischen Konsequenzen dieser Situation ausgelotet werden können. Wir müssen aber den Tatsachen ins Gesicht sehen: In unserem Kampf gegen Rassismus und Fanatismus der jüdischen Religion werden unsere größten Feinde nicht nur die jüdischen Rassisten (und die Nutznießer des Rassismus), sondern auch jene Nichtjuden sein, die in anderen Bereichen - in meinen Augen fälschlicherweise - als "Fortschrittliche" gelten.

C) Orthodoxie und Interpretation

Dieses Kapitel behandelt ausführlich die theologischgesetzlichen Strukturen des klassischen Judaismus. Zuvor ist es jedoch erforderlich, wenigstens einige der vielen Mißverständnisse zu beseitigen, die nahezu alle fremdsprachigen (d.h. nichthebräischen) Berichte über den Judaismus verbreiten. Dies gilt besonders für solche Darstellungen, die solch derzeit modische Phrasen wie "judisch-christliche Tradition" oder "gemeinsame Werte der monotheistischen Religionen" propagieren. Aus Platzgründen befasse ich mich nur mit den wichtigsten dieser gängigen Irreführungen ausführlich, daß nämlich die jüdische Religion monotheistisch ist und immer gewesen sei. Wie viele Theologen wissen und eine genauere Lektüre des Alten Testaments unschwer zeigt, ist dies eine gänzlich falsche, unhistorische Sicht. Viele, wenn nicht die meisten, Büchern des Alten Testaments bestätigen eindeutig die Existenz und Macht "anderer Götter".

Jahwe (Jehova), der mächtigste Gott, ist jedoch sehr eifersüchtig auf seine Rivalen und verbietet es den Menschen, sie anzubeten. Erst sehr spät in der Bibel, und zwar bei den späten Propheten, wird geleugnet, daß es außer Jahwe andere Götter gibt.

Was uns hier beschäftigt, ist nicht der biblische, sondern der klassische Judaismus. Wenn auch weniger bekannt, so liegt es auf der Hand, daß letzterer in den vergangenen Jahrhunderten zum größten Teil von reinem Monotheismus weit entfernt war. Das gleiche läßt sich von den Lehrmeinungen des heutigen orthodoxen Judaismus beherrschen, der Fortsetzung des klassischen Judaismus, sagen. Die Ursache für den Verfall des klassischen Monotheismus liegt in der Ausbreitung der jüdischen Mystik (der Kabbala), der sich im 12. und 13. Jahrhundert entwickelte und im späten 16. Jahrhundert einen nahezu vollständigen Sieg in anscheinend allen Zentren des Judaismus errungen hatte. Die jüdische Aufklärung, die der Krise des klassischen Judentums erwuchs, mußte gegen diesen Mystizismus und seinen Einfluß weitaus heftiger kämpfen als gegen alles andere.

Trotzdem hat die Kabbala in der jüdischen Orthodoxie der jüngsten Zeit, insbesondere unter den Rabbinern, einen vorherrschenden Einfluß behalten. So wird z.b. die Bewegung Gusch Emunim zum großen Teil von kabbalistischen Vorstellungen getragen. Die Kenntnis und das Verständnis dieser Ideen ist aus zwei Gründen wichtig. Zum einen kann man ohne Kenntnis dieser Ideen den wahren Glauben des Judaismus am Ende seiner klassischen Periode nicht verstehen. Zum anderen spielen diese Ideen eine wichtige Rolle in der zeitgenössischen Politik insofern, als sie zum expliziten System von Glaubensüberzeugungen vieler religiöser Politiker wie der meisten Führer des Gusch Emunim gehören und viele zionistische Führer aller Parteien einschließlich der zionistischen Linken indirekt beeinflussen.

Nach der Kabbala wird das Universum nicht von einem Gott, sondern von mehreren Gottheiten verschiedenen Charakters und Einflusses beherrscht, die von einer schwachen entfernten Ersten Ursache stammen. Ohne auf die vielen Einzelheiten einzugehen, läßt sich das System wie folgt zusammenfassen.

Ausgehend von der Ersten Ursache, wurde zunächst ein Gott mit dem Namen "Weisheit" oder "Vater" und dann eine Göttin mit dem Namen "Wissen" oder "Mutter" ausgesendet oder geboren. Aus der Ehe dieser beiden ging ein Paar jüngerer Götter hervor, und zwar der Sohn mit dem Namen "kleines Gesicht" oder "der heilige Gesegnete" und die Tochter, auch "Herrin" (oder "Matronit", einem Wort aus dem Lateinischen), "Schechina", Königin usw. genannt.

Diese beiden jüngeren Götter sollten vereinigt werden, was Satan, eine in diesem System sehr wichtige und unabhängige Persönlichkeit, mit seinen Machenschaften verhinderte. Die

Schöpfung erfolgte durch die Erste Ursache, damit beide sich vereinigen konnten. Der Sündenfall trennte sie aber tiefer als zuvor, wobei es Satan gelang, der göttlichen Tochter sehr nahe zu kommen und ihr sogar Gewalt anzutun (entweder nur scheinbar oder tatsächlich - hierzu gibt es unterschiedliche Ansichten). Das jüdische Volk wurde geschaffen, um den von Adam und Eva verursachten Bruch zu kitten, was unter dem Berg Sinai für kurze Zeit erreicht werden konnte. Der in Moses fleischgewordene Gottsohn wurde mit der Göttin Schechina vereinigt. Leider trennte die Sünde des Goldenen Kalbs die Gottheit wieder, doch die Reue des jüdischen Volkes machte dies in gewissem Ausmaß wieder wett. Auch glaubt man, daß jeder Vorfall in der biblischen jüdischen Geschichte im Zusammenhang mit der Vereinigung oder Trennung des göttlichen Paares steht. Die jüdische Eroberung von Palästina auf Kosten der Kanaaniter und der Aufbau des ersten und zweiten Tempels waren somit besonders günstig für deren Vereinigung, die Zerstörung der Tempel und die Vertreibung der Juden aus dem Heiligen Land dagegen lediglich äußere Zeichen nicht nur der göttlichen Trennung, sondern auch einer echten "Hurerei mit fremden Göttern". Die Tochter fällt der Macht des Satans anheim, während der Sohn statt seines richtigen Weibes verschiedene weibliche satanische Personen ins Bett nimmt.

Der fromme Jude hat die Pflicht, durch Gebete und durch religiöse Handlungen die perfekte göttliche Einheit in Form einer sexuellen Vereinigung der männlichen und weiblichen Gottheit wiederherzustellen.

Vor den meisten rituellen Handlungen, die jeder fromme Jude mehrmals am Tag vorzunehmen hat, wird daher folgende kabbalistische Formel rezitiert: "Um der [sexuellen] Vereinigung des heiligen Gesegneten und seiner Schechina willen..." Die jüdischen Morgengebete sollen ebenfalls diese, wenn auch nur vorübergehende sexuelle Vereinigung, fördern. Die aufeinanderfolgenden Teile des Gebets entsprechen mystisch den aufeinanderfolgenden Stufen der Vereinigung: An einer Stelle nähert sich die Göttin mit ihren Mägden, an einer anderen legt der Gott seinen Arm um ihren Nacken und streichelt ihre Brüste, und schließlich soll der Liebesakt vollzogen werden.

Andere Gebete oder religiöse Handlungen sollen nach Auslegung der Kabbalisten die verschiedenen Engel (in der Vorstellung untergeordnete Gottheiten mit einer gewissen Unabhängigkeit) täuschen oder den Satan besänftigen. An einer bestimmten Stelle im Morgengebet spricht man einige Verse in Aramäisch (und nicht im üblichen Hebräisch). Damit will man die Engel überlisten, welche die Tore zum Einlaß der Gebete in den Himmel hüten und damit die Macht haben, die Gebete des Frommen am Eintritt zu hindern.

Die Engel verstehen nur Hebräisch und werden durch die aramäischen Verse genarrt, und weil sie etwas dumm (und vermutlich weitaus weniger schlau als die Kabbalisten) sind, öffnen sie die Tore. Und in diesem Moment kommen alle Gebete, einschließlich der hebräischen, durch. Ein weiteres Beispiel: Sowohl vor als auch nach einer Mahlzeit wäscht sich der fromme Jude rituell die Hände und äußert dabei einen besonderen Segensspruch.

Bei einer diesen beiden Handlungen betet er zu Gott und fördert so die göttliche Vereinigung von Sohn und Tochter. Bei der anderen betet er zum Satan, der die jüdischen Gebete und rituellen Handlungen so gern mag, daß, werden ihm einige davon geboten, sie ihn für eine Weile beschäftigen und er vergißt, der göttlichen Tochter nachzustellen. In der Tat glauben einige Kabbalisten, daß einige der Brandopfer im Tempel für den Satan vorgesehen waren. So wurden z.B die 70 während der sieben Tage des Tabernakel-Festes geopferten Ochsen vermutlich Satan in seiner Rolle als Herrscher über alle Nichtjuden angeboten, um ihn so zu beschäftigen, daß er am achten Tag, wenn Gott ein Opfer dargebracht werden soll, nicht stören konnte. Viele andere Beispiele dieser Art lassen sich anführen.

Notwendig sind noch einige Anmerkungen zu diesem System und seiner Bedeutung, damit man den Judaismus sowohl in der klassischen Periode als auch in seinem heutigen politischen

Bezug zu zionistischen Praktiken besser versteht. Zum ersten kann man über dieses kabbalistische System sagen, was man will, es kann jedenfalls nur als monotheistisch angesehen werden, sofern man auch bereit ist, dem Hinduismus, der späten griechischrömischen Religion oder sogar der Religion des alten Ägyptens die Bezeichnung "monotheistisch" zuzugestehen.

Zum zweiten zeigt sich die wahre Natur des klassischen Judäismus an der Leichtigkeit, mit der dieses System übernommen wurde. Treue und Glauben (mit Ausnahme des nationalistischen Glaubens) spielen im klassischen Judäismus eine nur außergewöhnlich kleine Rolle. Von größter Wichtigkeit ist jedoch das Ritual und nicht die Bedeutung, die der Handlung oder dem daran gebundenen Glauben zugeschrieben wird.

Wenn früher eine kleine Minderheit der Juden die Übernahme der Kabbala verweigerte (wie es heute der Fall ist), hielten sie es für eine Anbetung Gottes. Andere, die genau dasselbe taten, versuchten damit, den Satan zu besänftigen.

Solange die Handlung die gleiche ist, pflegten sie gemeinsam zu beten und blieben Mitglied derselben Glaubensgemeinschaft, gleichgültig, wie stark die Abneigung unter ihnen auch war. Wagte es jedoch jemand, statt der mit dem rituellen Waschen der Hände verbundenen Absicht eine Neuerung in der Art und Weise des Waschens einzuführen, wäre ein echtes Schisma sicherlich die Folge.

Dasselbe läßt sich sagen von allen heiligen Gebetsformeln des Judaismus. Unter der Voraussetzung, daß die Funktionsweise intakt bleibt, ist die Bedeutung im besten Falle eine untergeordnete Angelegenheit. So kann z.B. die wahrscheinlich heiligste jüdische Glaubensformel "Höre Israel, der Herr ist unser Gott, der Herr ist eins", die jeder fromme Jude mehrere Male am Tag spricht, derzeit zwei gegensätzliche Dinge bedeuten. Sie kann besagen, daß der Herr in der Tat "einer" ist. Sie kann aber auch bedeuten, daß eine bestimmte Stufe bei der Vereinigung der männlichen und weiblichen Gottheit erreicht wurde oder durch das richtige Aufsagen dieser Gebetsformel gefördert wurde.

Wenn jedoch Juden einer Reformgemeinde diese Gebetsformel in einer anderen als der hebräischen Sprache aufsagen, werden in der Tat alle orthodoxen Rabbiner, ob sie nun an die Einheit Gottes oder an die sexuelle Vereinigung der beiden Götter glauben, sehr zornig.

All dies ist auch noch heute in Israel (und in anderen jüdischen Zentren) von großem Gewicht. Die bloßen Gebetsformeln zugesprochene enorme Bedeutung (wie das "Gesetz von Jerusalem"#A#Erklärung?#), die Vorstellungen und Motivationen des Gusch Emunim, der inbrünstige Haß gegenüber den derzeit in Palästina lebenden Nichtjuden, die fatalistische Haltung gegenüber allen Friedensfühlern der arabischen Staaten, all dieses und viele andere Charakterzüge der zionistischen Politik, die so manche wohlgesinnte Menschen mit einer falschen Vorstellung über das klassische Judentum verwirren, werden vor diesem religiösen und mystischen Hintergrund verständlicher. Allerdings muß ich davor warnen, in das andere Extrem zu verfallen und zu versuchen, die gesamte zionistische Politik auf dieser Grundlage zu beschreiben. Das Ausmaß der letzteren schwankt offensichtlich. Ben Gurion war ein Meister darin, diese Politik für bestimmte Zwecke gezielt zu manipulieren. Unter Begin hatte die Vergangenheit einen weitaus größeren Einfluß auf die Gegenwart. Man sollte aber nie die Vergangenheit und ihre Einflüsse ignorieren, da man nur durch deren Kenntnis ihre blinde Macht durchschauen kann.

Interpretation der Bibel

An dem vorherigen Beispiel wird sich noch zeigen, daß das, was die meisten angeblich gut über den Judaismus informierten Menschen zu wissen vermeinen, unter Umständen auf grobem Mißverständnis beruht, sofern sie nicht Hebräisch lesen können. Alle oben genannten Einzelheiten findet man in den Originaltexten oder in einigen Fällen in Neuhebräisch abgefaßten Bücher für eine ganz bestimmte Leserschaft. In englischen Ausgaben würde man sie vergeblich suchen, auch dort, wo die Auslassung solch sozial wichtiger Tatsachen das ganze Bild verzerrt. Besonders unter Christen oder stark von der christlichen

Tradition und Kultur beeinflußten Menschen herrscht ein weiteres Mißverständnis, nämlich die irreführende Vorstellung, der Judaismus sei eine biblische Religion und das Alte Testament im Judaismus nähme denselben wichtigen Platz und dieselbe gesetzgebende Autorität ein wie die Bibel für die Protestanten oder sogar für die katholische Christenheit.

Auch dies ist wieder mit der Frage der Auslegung verbunden. Wir haben gesehen, daß es in Glaubensdingen einen großen Spielraum gibt. Genau das Gegenteil gilt jedoch für die rechtliche Auslegung der heiligen Texte. Hier läßt die Interpretation kaum Spielraum, was allerdings mehr für denTalmud als die Bibel selbst gilt. Der klassische Judaismus und die heutige Orthodoxie legen vielen und vielleicht sogar den meisten biblischen Versen, die religiöse Handlungen und Pflichten vorschreiben, eine ganz andere und sogar gegensätzliche Bedeutung bei als die Christen oder die anderen Leser des Alten Testaments, die nur den nackten Text sehen. Dieselbe Trennlinie ziehen derzeit in Israel einerseits in jüdischen religiösen und andererseits in weltlichen hebräischen Schulen ausgebildete Menschen, denen im großen und ganzen die wörtliche Bedeutung des Alten Testaments gelehrt wird.

Diesen wichtigen Punkt kann man nur anhand von Beispielen verstehen. Man wird feststellen, daß die Bedeutungsänderungen unter ethischen Gesichtspunkten überhaupt nicht in die Richtung des heutigen Verständnisses dieses Begriffs gehen. Apologeten des Judaismus meinen, daß die Auslegung der Bibel, die mit den Pharisäern begann und im Talmud festgelegt ist, immer über den wörtlichen Sinn hinausgeht. Die nachfolgend aufgeführten Beispiele zeigen, daß dies von der Wirklichkeit weit entfernt ist.

1. Beginnen wir mit den Zehn Geboten. Das Achte Gebot "Du sollst nicht stehlen" (2. Mose 20, 15) wird als Verbot des "Stehlens" (d.h. der Entführung) einer jüdischen Person verstanden, weil nach dem Talmud – so die Auslegung - alle von den Zehn Geboten verbotenen Handlungen Kapitalverbrechen sind. Das Stehlen fremden Eigentums ist dagegen kein Kapitalverbrechen, und die Entführung von Nichtjuden durch

Juden ist durch das talmudische Gesetz erlaubt. Der nahezu gleiche Satz "Ihr sollt nicht stehlen" (3. Mose 19, 11) ist dagegen in seiner wörtlichen Bedeutung zu verstehen.

2. Die bekannte Aussage "Auge um Auge, Zahn um Zahn" usw. (2. Mose 21, 24) wird als "Augengeld für ein Auge" interpretiert, d.h. als die Zahlung einer Geldstrafe und nicht als physische Vergeltung.

3. Hier liegt der bekannte Fall vor, in dem die wörtliche Bedeutung in das genaue Gegenteil verkehrt wird. Der biblische Text warnt eindeutig davor, der Masse bei einem ungerechten Verfahren zu folgen: "Du sollst nicht folgen der Menge zum Bösen und nicht also antworten vor Gericht, daß du der Menge nachgibst und vom Rechten weichest." (2. Mose 23, 2). Die letzten Worte dieses Sinnspruchs "... daß du der Menge nachgibst und vom Rechten weichest" werden aus dem Zusammenhang gerissen und als gerichtliches Gebot, der Mehrheit zu folgen, ausgelegt!

4. Der Vers " ... und sollst das Böcklein nicht kochen in seiner Muttermilch" (2. Mose 23, 19) wird als ein Verbot ausgelegt, jede Art von Fleisch mit Milch oder einem Milchprodukt zu mischen. Da derselbe Vers an verschiedenen Stellen in den fünf Büchern Moses steht, wird die bloße Wiederholung als ein dreifaches Verbot gehalten, das es einem Juden verbietet, (ad 1) solch eine Mischung zu essen, (ad 2) sie zu irgendeinem Zweche zu kochen und (ad 3) sie zu genießen oder auf irgendeine Weise einen Nutzen daraus zu ziehen.

5. "Dein Nächster ", "Fremder" oder sogar "Mensch" werden so verstanden, daß sie eine supraexklusive chauvinistische Bedeutung haben. Der bekannte Satz "Du sollst deinen Nächsten lieben wie dich selbst (3. Mose 19, 18)" versteht der klassische (und heutige orthodoxe) Judaismus als einen ausdrücklichen Befehl, den nächsten Juden, aber nicht den nächsten Mitmenschen zu lieben. Desgleichen soll der Satz "Du sollst auch nicht stehen wider deines Nächsten Blut" (daselbst, 16) die

Bedeutung haben, daß man nicht tatenlos zusehen darf, wenn das Leben (das "Blut") eines Mitjuden in Gefahr ist.

Wie wir jedoch noch in Kapitel V ("V Gesetze gegen Nichtjuden") sehen werden, ist es einem Juden allgemein verboten, das Leben eines Nichtjuden zu retten, denn "er ist nicht dein Nächster". Das großzügige Gebot, die Nachlese von Ähren auf einem Feld und in einem Weinberg "dem Armen und Fremdling" zu überlassen (ebenda, 9 und 10) wird so ausgelegt, das sich dies ausschließlich auf jüdische Arme und Konvertiten zum Judentum bezieht. Die Tabu-Gesetze, die für Leichen gelten, beginnen mit dem Vers "Dies ist das Gesetz: Wenn ein Mensch in der Hütte stirbt, soll jeder, der in die Hütte geht, ... unrein sein sieben Tage". (4. Mose 19, 16; Anmerkung des Übersetzers: Nach der Luther-Übersetzung ist das der Vers 14, und nicht Vers 16 wie im englischen Original.) Jedoch hat das Wort "Mensch" (adam) die Bedeutung "Jude", so daß nur ein jüdischer Leichnam tabu (d.h. sowohl "unrein" als auch geheiligt) ist.

Nach dieser Auslegung bringen fromme Juden eine tiefe magische Verehrung jüdischen Leichen und jüdischen Friedhöfen entgegen, haben aber keinen Respekt gegenüber nichtjüdischen Leichen und Friedhöfen. So wurden Hunderte moslemischer Friedhöfe in Israel vollständig zerstört (wie in einem Falle, um für das Hilton-Hotel in Tel Aviv Platz zu machen). Es gab aber einen lauten Schrei des Entsetzens, als der jüdische Friedhof am Ölberg unter jordanischer Herrschaft beschädigt wurde. Es gibt zuviele Beispiele dieser Art, als daß man sie anführen könnte. Einige der inhumanen Konsequenzen dieser Art der Auslegung werden in Kapitel V ("V Gesetze gegen Nichtjuden") behandelt.

6. Betrachten wir zum Schluß eine der schönsten prophetischen Passagen, nämlich Jesajas eindrucksvolle Verdammung der Heuchelei und des leeren Rituals sowie seine Ermahnung zu allgemeiner Sittlichkeit. Ein Vers (Jesaja 1, 15) in dieser Passage lautet: "Und wenn ihr schon eure Hände ausbreitet, verberge ich doch meine Augen vor euch; und ob ihr schon viel betet, höre ich

euch doch nicht; denn eure Hände sind voll Blut." Da die jüdischen Priester bei der Erteilung des Segens während des Gottesdienstes "die Hände ausbreiten", deutet man diesen Vers so, daß ein Priester, der zufällig ein Tötungsdelikt begeht, für ungeeignet erklärt wird, bei der Segnung "seine Hände auszubreiten" (auch wenn er seine Tat bereute), da sie "voll von Blut sind". Schon an diesem Beispielen zeigt sich klar, daß, wenn ein orthodoxer Jude heute (oder alle Juden vor etwa 1780) die Bibel lesen (gelesen haben), sie in ein ganz anderes Buch mit einer vollständig anderen Bedeutung als in jene Bibel sehen, wie sie Nichtjuden oder nichtorthodoxe Juden verstehen. Diese Unterscheidung gilt sogar in Israel, obwohl beide Parteien den Text in Hebräisch lesen. Die Erfahrung hat, besonders seit 1967, dies wiederholt erhärtet. Viele nichtorthodoxe Juden in Israel (und anderswo) haben nur wenig detaillierte Kenntnis der jüdischen Religion und versuchen, orthodoxe Israelis (oder stark von Religion beeinflußte Anhänger rechter Parteien) durch Zitieren von Bibelversen in ihrem schlichten menschlichen Sinne zu beschämen, so daß sie ihre inhumane Einstellung gegen die Palästinenser aufgeben. Es stellte sich jedoch immer heraus, daß solche Argumente nicht die geringste Wirkung auf die Anhänger des klassischen Judaismus zeigen. Sie verstehen einfach nicht, was man ihnen sagt, da ihnen der biblische Text etwas ganz anderes bedeutet als den anderen. Wenn schon solch eine Kommunikationslücke in Israel existiert, wo Menschen hebräisch lesen und sich die richtigen Informationen beschaffen können, kann man sich vorstellen, wie tief im Ausland das Mißverständnis geht, wie etwa bei Menschen, die in der christlichen Tradition aufwuchsen. Je mehr solche Leute die Bibel lesen, desto weniger kennen sie den orthodoxen Judaismus. Letzterer betrachtet das Alte Testament nämlich als einen Text unwandelbarer heiliger Glaubensformeln, die herzusagen eine Handlung von hohem Wert ist, deren Bedeutung aber anderswo vollständig festgelegt wird. Wie schon Humpty-Dumpty zu Alice sagte, steht hinter dem Problem, wer denn die Bedeutung der Wörter festlegen kann, die einfache Frage: "Wer soll der Herr sein?"

Aufbau des Talmud

Es sollte deshalb von vornherein klar sein, daß die Quelle der Autorität für alle Handlungen des klassischen (und heutigen orthodoxen) Judaismus, d.h. die Bestimmung der Grundlage seiner rechtlichen Struktur, der Talmud oder - noch genauer der sogenannte babylonische Talmud [Anm.d.Übers.: Babli] - ist, während es sich beim Rest der talmudischen Literatur (einschließlich des sogenannten jerusalemischen oder palästinensischen Talmud [Anm.d.Übers.: Jeruschalmi] um eine ergänzende Autorität handelt.

Wir können hier keine ausführliche Beschreibung des Talmud und der talmudischen Literatur geben, sondern müssen uns auf einige Hauptpunkte beschränken, die wir für unser Thema brauchen. Der Talmud steht grundsätzlich aus zwei Teilen. Da ist zunächst die Mischna, ein knapper Gesetzestext aus sechs Bänden, der jeweils in mehrere hebräisch geschriebene Traktate unterteilt ist und in Palästina etwa 200 n. Chr. aus den weitaus umfangreicheren (und größtenteils mündlich überlieferten) Gesetzestexten abgefaßt wurde, die während der vergangenen zwei Jahrhunderte zuvor entstanden. Der zweite und bei weitem wichtigere Teil ist die Gemara, eine voluminöse Aufzeichnung von Diskussionen über und um die Mischna. Weiterhin gibt es zwei, grob gesagt ähnliche, Ausgaben der Gemara, von denen eine in Mesopotamien ("Babylon") zwischen 200 und 500 n. Chr. und der andere in Palästina zwischen etwa 200 n. Chr. und einem unbekannten Datum lange vor 500 entstand.

Der babylonische Talmud (d.h. die Mischna einschließlich der mesopotamischen Gemara) hat einen weitaus größeren Umfang und eine bessere Gliederung als der palästinensische. Dieser allein wird deshalb als endgültig und maßgebend betrachtet. Zusammen mit einer Reihe von Sammlungen, bekannt als "talmudische Literatur" mit Texten, die die Herausgeber der beiden Talmuds ausgelassen haben, wird dem jerusalemischen (palästinensischen) Talmud ein entschieden niedrigerer Status als rechtliche Autorität zugesprochen. Im Gegensatz zur Mischna ist der Rest des Talmuds und der talmudischen Literatur in einer Mischung aus Hebräisch und Aramäisch abgefaßt, wobei Aramäisch im babylonischen Talmud vorherrscht.

Außerdem beschränkt der sich nicht nur auf rechtliche Angelegenheiten. Ohne erkennbare Ordnung oder einsehbaren Grund können die rechtlichen Abhandlungen plötzlich abbrechen, was als "Erzählung" (Haggada) bezeichnet wird.

Hierbei handelt es sich um ein Gemisch von Geschichten und Anekdoten über Rabbis oder das gemeine Volk, biblische Persönlichkeiten, Engel, Dämonen, Zauberei und Wunder. Diese erzählenden Passagen haben im Laufe der Zeit zwar einen großen Einfluß auf den Judaismus gehabt, wurden aber immer (sogar vom Talmud selbst) als zweitrangig betrachtet. Am bedeutendsten für den klassischen Judaismus sind die rechtlichen Teile des Textes, und hier insbesondere die Behandlung der Fälle, die man als problematisch betrachtet. Der Talmud selbst definiert die verschiedenen Kategorien von Juden in steigender Folge: Auf der untersten Stufe stehen die ganz Unwissenden, dann kommen diejenigen, die nur die Bibel kennen, anschließend solche, die mit der Mischna oder der Haggada vertraut sind. Die oberste Klasse bilden die Leute, die studiert haben und in der Lage sind, den rechtlichen Teil der Gemara zu diskutieren. Nur letztere haben die Fähigkeit, ihre Mitjuden in allen Dingen zu führen.

Das Rechtssystem des Talmud läßt sich als allumfassendes, streng autoritäres und dennoch zur unendlichen Weiterentwicklung befähigtes System beschreiben, ohne daß sich aber die dogmatischen Grundlagen ändern können. Es behandelt jeden persönlichen und sozialen Lebensbereich der Juden im beträchtlichen Umfang und sieht Zwangsmaßnahmen und Strafen für jede nur denkbare Sünde und Verletzung der Vorschriften vor. Die Grundvorschriften für jedes Problem sind dogmatisch angegeben und können nicht in Frage gestellt werden. Was jedoch möglich ist und auch ausführlich diskutiert wird, ist die Verbesserung und praktische Festlegung dieser Regeln. Dazu einige Beispiele.

Keine Arbeit verrichten am Sabbat. Zur Definition des Wortes Arbeit sind genau 39 Arten der Arbeit aufgeführt, nicht mehr und nicht weniger. Das Kriterium zur Aufnahme in diese Liste steht in keinem Zusammenhang mit der Schwierigkeit der Aufgabe, sondern ist einfach eine Sache der dogmatischen Definition. Eine verbotene Art der "Arbeit" ist das Schreiben. Hierbei stellt sich die Frage, wieviele Zeichen man schreiben muß, um die Sünde des Schreibens an Sabbat zu begehen? (Antwort: zwei). Bleibt die Sünde ungeachtet dessen, welche Hand man benutzt, dieselbe? (Antwort: nein). Um aber jemanden gegen solch einen Sündenfall zu schützen, ist das erste Verbot des Schreibens mit einer zweiten Vorschrift umgeben, die es verbietet, ein Schreibgerät an Sabbat überhaupt zu berühren. Eine weitere prototypische am Sabbat verbotene Arbeit ist das Mahlen von Getreide. Daraus läßt sich analog ableiten, daß jede Art des Mahlens, was immer es auch sei, verboten ist. Und dieses Verbot ist wiederum von einer Vorschrift umgeben, die Einnahme von Medizin an Sabbat verbietet, (ausgenommen, jüdisches Leben ist gefährdet), um nicht in die Sünde zu verfallen, ein Medikament zu zermahlen. Man weist vergeblich darauf hin, daß in der modernen Zeit solche Gefahr nicht vorhanden ist (und existierte als solche in vielen Fällen nicht einmal in talmudischen Zeiten). Und als Zaun um den Zaun verbietet der Talmud ausdrücklich die Einnahme flüssiger Medizin oder wiederbelebender Getränke am Sabbat. Was festgeschrieben ist, bleibt für immer festgeschrieben, wie absurd es auch sein mag. Tertullian, einer der ersten Kirchenväter, schrieb: "Ich glaube es, weil es absurd ist.". Dies kann als Motto für den weitaus größten Teil der talmudischen Vorschriften dienen, wobei die Worte "Ich glaube es" durch "Ich mache es" zu ersetzen sind.

Das folgende Beispiel zeigt noch besser, welchen Grad an Absurdität dieses System erreicht hat. Eine am Sabbat verbotene prototypische Arbeit ist das Ernten. Dies führt durch Analogieschluß weiter bis hin zu dem Verbot, den Ast eines Baumes abzubrechen. Somit ist es verboten, ein Pferd (oder anderes Tier) zu reiten, um gegen die Versuchung gefeit zu sein, einen Ast zum Schlagen des Tiers abzubrechen. Das Argument, man habe schon eine fertige Peitsche oder man wolle nur dort reiten, wo es keine Bäume gibt, ist nutzlos. Was verboten ist, bleibt für immer verboten, was jedoch noch ausgedehnt und strenger gehandhabt werden kann: In der heutigen Zeit ist

Fahrradfahren an einem Sabbat verboten, da dies dem Reiten eines Pferdes ähnlich ist.

Mein letztes Beispiel zeigt, wie man dieselben Methoden in rein theoretischen Fällen benutzt, für die es in der Realität keine erkennbare Anwendung gibt. Während der Existenz des Tempels durfte der Hohepriester nur eine Jungfrau heiraten. Obwohl es während nahezu der gesamten talmudischen Zeit weder Tempel noch Hohepriester gab, widmet der Talmud eine seiner besonders verworrenen (und bizarren) Abhandlungen der genauen Definition des Begriffs "Jungfrau", die ein Hohepriester heiraten darf.

Wie steht es mit einer Frau, deren Hymen durch einen Unfall durchstoßen wurde? Besteht ein Unterschied darin, ob der Unfall vor oder nach dem Alter von drei Jahren stattfand? Wurde er durch Metall oder Holz verursacht? Kletterte sie auf einen Baum? Und wenn ja, kletterte sie herauf oder herab? Geschah es auf natürliche oder unnatürliche Weise? All dies und vieles andere wird lang und breit erörtert. Und jeder Gelehrte im klassischen Judaismus mußte Hunderte solcher Probleme meistern.

Große Gelehrte maß man an ihrer Fähigkeit, diese Probleme weiter zu entwickeln, da es, wie schon die Beispiele zeigten, immer einen Spielraum für weitere Entwicklungen gab (wenn auch nur in eine Richtung) und solche Entwicklungen tatsächlich nach der endgültigen Abfassung des Talmud stattfanden. Es gibt jedoch zwei große Unterschiede zwischen der talmudischen (die um 500 endete) und der Zeit des klassischen Judaismus (von etwa 800 an). Das im Talmud angegebene geographische Gebiet ist beschränkt, wogegen die angegebene jüdische Gemeinschaft eine "vollständige" Gemeinschaft ist, deren Grundlage der jüdische Ackerbau bildete. (Dies gilt für Mesopotamien und für Palästina.). Obwohl damals Juden im ganzen Römischen Reich und in vielen Gebieten des sassanidischen Reiches lebten, geht aus dem talmudischen Text klar hervor, daß ihre Zusammensetzung über ein halbes Jahrhundert hinweg ausschließlich lokale Bedeutung hatte. Keine Gelehrten aus anderen Ländern als Mesopotamien und Palästina waren Teil dieser Gemeinschaft. Auch gibt der Text nicht an, welche sozialen Bedingungen außerhalb dieser beiden Gebiete herrschten.

Wenig ist über die soziale und religiöse Lage der Juden in den dazwischenliegenden drei Jahrhunderten bekannt. Jedoch seit 800 (ausführlicherere historische Informationen stehen wieder zur Verfügung) stellen wir fest, daß sich die drei oben erwähnten Merkmale umkehrten. Es bestätigt sich, daß der babylonische Talmud (und im geringerem Maße auch der Rest der talmudischen Literatur) als maßgeblich galt und in allen jüdischen Gemeinden studiert und weiterentwickelt wurde. Gleichzeitig wurde die jüdische Gemeinschaft einer tiefgreifenden Änderung unterzogen: Welche Änderung das auch sein mag und wo sie stattfand, sie betraf jedenfalls nicht die Bauern.

Das sich aus dieser Änderung ergebende soziale System wird in Kapitel IV ("IV Die Bürde der Geschichte") behandelt. Hier beschreiben wir, wie der Talmud den Bedingungen des klassischen Judaismus angepaßt wurde, im geographischen Sinne etwas weiter und im sozialen Sinne etwas enger und mit sehr unterschiedlicher Geschwindigkeit. Der Schwerpunkt liegt dabei auf dem, was in meiner Sicht die wichtigste Methode der Anpassung war, nämlich auf den Dispensationen.

Die Dispensationen

Wie oben gezeigt, ist das talmudische System höchst dogmatisch und erlaubt keine Lockerung der Vorschriften, auch wenn sie durch veränderte Umstände ins Absurde abgleiten. Anders als bei der Bibel ist im Talmud der wörtliche Sinn des Textes bindend und darf nicht auf irgendeine Weise ausgelegt werden. In der Zeit des klassischen Judentums wurden verschiedene talmudische Gesetze unhaltbar für die herrschende Klasse der Juden, nämlich die Rabbiner und die Reichen. Im Interesse dieser Klasse erfand man eine Methode zur systematischen Täuschung, um den Buchstaben des Gesetzes beizubehalten, gleichzeitig aber dessen

Geist und Absicht zu vergewaltigen. Dies war das heuchlerische System der "Dispensationen" (Heterim), das meiner Meinung nach die wichtigste Ursache für die Entartung des Judaismus in seiner klassischen Zeit war. (Die zweite Ursache war die jüdische Mystik, die jedoch viel kürzere Zeit wirkte.) Auch hier sollen wieder einige Beispiele illustrieren, wie das System funktioniert.

(1) Verzinsung

Der Talmud verbietet einem Juden unter Androhung von schwerer Strafe, von einem anderen Juden Zinsen für einen Kredit zu nehmen. (Nach den meisten talmudischen Autoritäten besteht die religiöse Pflicht, von einem Nichtjuden soviel Zinsen wie möglich zu erheben.) Ausführliche Vorschriften verbieten sogar an den Haaren herbeigezogene Formen, in denen z.b. ein jüdischer Gläubiger von einem jüdischen Schuldner profitieren darf. Alle an solch einer gesetzwidrigen Transaktion beteiligten Komplizen einschließlich des Schreibers und der Zeugen brandmarkt der Talmud als ehrlose Personen, die vor Gericht keine Zeugenaussagen machen dürfen, weil durch die Teilnahme an solch einer Handlung ein Jude praktisch erklärt, daß "er nicht am Gott von Israel teilhabe". Offensichtlich eignet sich dieses Gesetz gut für die Bedürfnisse der jüdischen Bauern oder Handwerker oder kleine jüdische Gemeinden, die ihr Geld für Kredite an Nichtjuden verwenden. In Osteuropa (hauptsächlich in Polen) war die Situation im 16. Jahrhundert jedoch ganz anders. Es gab eine relativ große jüdische Gemeinschaft, die die Mehrheit in vielen Städten bildete. Die Bauern, die Leibeigene und somit schon fast Sklaven waren, konnten sich kaum etwas leihen, während die Kreditvergabe an den Adel das Geschäft einiger weniger sehr reicher Juden war. Viele Juden betrieben Handel miteinander. Unter diesen Umständen erfand man für verzinste Kredite zwischen Juden ein Arrangement (genannt Heter Iska: "Geschäfts- Dispensation"), das nicht gegen den Buchstaben des Gesetzes verstößt, weil es sich dann in formeller Hinsicht überhaupt nicht um einen Kredit handelt. Der Verleiher "investiert" sein Geld in das Geschäft des Leihenden unter zwei Bedingungen. Zunächst einmal zahlt der Leihende dem Verleiher zu einem vereinbarten Datum in der Zukunft eine festgesetzte

Geldsumme (in Wirklichkeit die Kreditzinsen) als "Gewinnanteil". Zweitens wird dem Leihenden unterstellt, er habe einen ausreichenden Gewinn gemacht, um dem Verleiher seinen Anteil geben zu können, wenn nicht ein Widerspruch durch das Zeugnis des Rabbiners oder des rabbinischen Richters der Stadt usw. erhoben wird, der entsprechend dem Arrangement sein Zeugnis in solchen Fällen verweigert. In der Praxis braucht man nur den in Aramäisch geschriebenen und der großen Mehrheit vollkommen unverständlichen Text dieser Dispensation zu nehmen und ihn an eine Wand des Raums zu hängen, in dem die Transaktion durchgeführt wurde (eine Kopie dieses Textes hängt in allen Filialen der israelischen Banken) oder den Text nur in einem Kasten aufzubewahren, und der verzinsbare Kredit zwischen den Juden ist vollkommen legal und untadelig.

(2) Das Sabbat-Jahr

Nach dem talmudischen Gesetz (das sich auf 3. Mose 25 gründet) muß das in jüdischem Besitz befindliche Land in Palästina in jedem siebten Jahr ("Sabbatjahr") brachliegen und darf dann nicht bearbeitet (auch nicht abgeerntet) werden. Es gibt überwältigende Beweise dafür, daß dieses Gesetz etwa tausend Jahre lang, vom 5. Jahrhundert v. Chr. an bis zum Verschwinden der jüdischen Landwirtschaft in Palästina, streng befolgt wurde. Als es später keine Gelegenheit mehr zur praktischen Anwendung des Gesetzes gab, blieb es theoretisch unverändert stehen. In den achtziger Jahren des 19. Jahrhunderts jedoch, als sich die ersten jüdischen Landwirtschaftskolonien in Palästina bildeten, bereitete es in der Praxis Schwierigkeiten. Die mit den Siedlern sympathisierenden Rabbiner erfanden zur Abhilfe eine Dispensation, die später von ihren Nachfolgern in den religiösen zionistischen Parteien perfektioniert und so zu einer festen Gewohnheit in Israel wurde.

Diese Dispensation funktioniert wie folgt. Kurz vor einem Sabbat-Jahr übergibt der Innenminister Israels dem Oberrabbiner ein Dokument, das ihn zum rechtmäßigen Eigentümer sämtlichen privaten und öffentlichen Landes in Israel ernennt.

Bewaffnet mit diesem Stück Papier geht der Oberrabbiner zu einem Nichtjuden und verkauft ihm das gesamte Land Israels (und seit 1967 auch das der besetzten Gebiete) für einen symbolischen Betrag. In einem separaten Dokument ist festgelegt, daß der "Käufer" nach Ablauf des Jahres das Land wieder zurückverkauft. Dieser Vorgang wiederholt sich alle sieben Jahre, und zwar in der Regel mit demselben Käufer. Nichtzionistische Rabbiner erkennen die Gültigkeit dieser Dispensation nicht an und sagen ganz richtig, daß sich das ganze Geschäft auf einer Sünde gründe und somit null und nichtig sei, weil das religiöse Gesetz es Juden verbiete, Land in Palästina an Nichtjuden zu verkaufen. Der zionistische Rabbiner entgegnet darauf jedoch, verboten sei lediglich ein echter und kein fiktiver Verkauf!

(3) Melken am Sabbat

Ein Melken am Sabbat war schon im vortalmudischen Zeiten durch die oben erwähnte sich steigernde religiöse Strenge verboten. In der Diaspora konnte das Verbot mühelos eingehalten werden, da jüdische Viehzüchter in der Regel reich genug waren, sich nichtjüdische Diener zu halten, denen (unter einem der nachfolgend beschriebenen Vorwände) das Melken befohlen werden konnte. Die ersten jüdischen Kolonisten in Palästina benutzten Araber für diese und andere Zwecke. Mit der zwingenden Auflage der zionistischen Politik, nur jüdische Arbeitskräfte einzusetzen, brauchte man eine Dispensation. (Besonders wichtig war dies vor der Einführung der Melkmaschinen Ende der fünfziger Jahre.) Auch hier gab es unterschiedliche Meinungen zwischen den zionistischen und nichtzionistischen Rabbinern.

Nach dem zionistischen Rabbiner ist das verbotene Melken unter der Voraussetzung erlaubt, daß die Milch keine weiße sondern blaue Farbe hat. Die blaue Samstagmilch wird dann ausschließlich zur Herstellung von Käse verwendet und der Farbstoff in die Molke ausgewaschen. Nichtzionistische Rabbiner haben dagegen ein viel feineres Schema entwickelt (ich war persönlich zugegen, als dies in einem religiösen Kibbuz 1952 in die Tat umgesetzt wurde). Sie entdeckten eine alte Vorschrift, die es erlaubt, die Euter einer Kuh unter der strengen Bedingung, daß die Milch ungenutzt in die Erde läuft, am Sabbat nur zu dem Zweck zu leeren, dem Tier seine durch die geschwollenen Euter verursachten Leiden zu mindern. Und nun geschieht folgendes: Am Samstagmorgen geht ein frommer Kibbuznik in den Kuhstall und stellt die Eimer unter die Kühe. (Solch eine Arbeit ist in der gesamten talmudischen Literatur nicht verboten.) Dann geht er in die Synagoge und betet.

Anschließend kommt ein Kollege, dessen "ehrliche Absicht" es ist, die Schmerzen des Tieres zu mindern und läßt die Milch auf den Boden laufen. Steht aber zufällig ein Eimer herum, muß er dann diesen entfernen? Natürlich nicht. Er "ignoriert" einfach die Eimer, erfüllt seine mildtätige Aufgabe und geht in die Synagoge.

Schließlich geht ein frommer Kollege in den Kuhstall und entdeckt zu seiner großen Überraschung die Eimer voller Milch. Er stellt sie an einen kühlen Ort und folgt seinen Kameraden in die Synagoge. Alles hat jetzt seine Ordnung, und es ist nicht mehr notwendig, Geld für den blauen Farbstoff zu verschwenden.

(4) Vermischte Feldfrüchte

Ähnliche Dispensationen erteilten zionistische Rabbiner hinsichtlich des Verbots (nach 3. Mose 19, 19), zwei verschiedene Feldfrüchte auf demselben Feld zu säen. Die moderne Agrarwissenschaft hat jedoch gezeigt, daß in einigen Fällen (besonders beim Anbau von Futter) ein gemischtes Säen den höchsten Gewinn abwirft. Die Rabbiner ersannen also eine Dispensation, nach der ein Mann in Längsrichtung einen bestimmten Samen sät und sein Kamerad, der von dem anderen "nichts weiß", einen anderen Samen in Querrichtung in den Boden bringt.

Weil dieses Verfahren eine Verschwendung von Arbeitskräften war, erfand man ein besseres: Ein Mann legt einen Haufen einer Samenart auf einen öffentlichen Platz und deckt ihn sorgfältig mit einem Sack oder mit einem Brett ab. Die zweite Samenart wird dann auf die Abdeckung gelegt. Später kommt ein anderer Mann und ruft vor Zeugen aus, daß er diesen Sack (oder das Brett) brauche, und entfernt ihn so, daß die Samen sich natürlich vermischen. Schließlich kommt ein dritter Mann daher und wird angewiesen, diesen Samen zu nehmen und das Feld zu bestellen, was er dann auch tut.

(5) Gesäuerte Substanzen

Sie darf ein Jude während der sieben (oder außerhalb Palästinas acht) Tage des Pessach-Festes weder essen noch im Besitz haben. Der Begriff "gesäuerte Substanzen" wurde ständig erweitert, und die Abneigung, sie während des Festes sogar noch sehen zu müssen, geriet an den Rand der Hysterie. Zu diesen Substanzen gehören alle Arten von Mehl und sogar ungemahlenes Korn. In der ursprünglichen talmudischen Gesellschaft war dies durchaus tragbar, da Brot (sei es gesäuert oder nicht) in der Regel einmal in der Woche gebacken wurde. Eine bäuerliche Familie pflegte den letzten Rest des vorjährigen Korns zum Backen ungesäuerten Brotes für das Fest zu verwenden, das die neue Erntesaison einleitete.

Unter den Bedingungen des nachtalmudischen europäischen Judentums war die Befolgung für eine jüdische Mittelklassefamilie und mehr noch für einen Getreidehändler sehr schwierig. Also wurde eine Dispensation erfunden, nach der solche Substanzen vor dem Fest an einen Nichtjuden fiktiv verkauft und danach automatisch zurückgekauft wurden. Allerdings mußte man die tabuisierten Substanzen für die Dauer des Festes unter Verschluß halten. In Israel machte man diesen fiktiven Verkauf noch wirkungsvoller.

Religiöse Juden "verkaufen" ihre gesäuerten Substanzen an den für sie zuständigen Rabbiner, der diese wiederum an den Oberrabbiner "verkauft". Letzterer veräußert sie wieder an einen Nichtjuden, wobei nach einer besonderen Dispensation von dem Verkauf angenommen wird, daß er sich auch auf die gesäuerten Substanzen nichtpraktizierender Juden bezieht.

(6) Der Sabbat-Goj

Die vielleicht höchstentwickelten Dispensationen betreffen den "Sabbat-Goj". Wie schon zuvor erwähnt, nahm der Umfang der am Sabbat verbotenen Arbeiten ständig zu, während gleichzeitig der Umfang an Arbeiten, die zur Befriedigung von Lebensbedürfnissen oder zur Erhöhung des Komforts ausgeführt oder überwacht werden müssen, ebenfalls ständig stieg. Während dies insbesondere für die moderne Zeit gilt, begann man das Bedürfnis nach technischer Veränderung schon lange vorher zu empfinden. Das Verbot des Mahlens an Sabbat war etwa im Palästina des 2. Jahrhunderts eine relativ einfache Angelegenheit für einen jüdischen Bauer oder Handwerker, der für häusliche Zwecke eine Handmühle benutzte. Es war allerdings eine andere Sache für den Betreiber einer Wasser- oder Windmühle, einem der häufigsten jüdischen Berufe in Osteuropa.

Doch selbst ein einfaches menschliches "Problem", wie der Wunsch, eine heiße Tasse Tee am Sonnabendnachmittag zu trinken, wird zu einer ernsthaften Schwierigkeit, wenn der regelmäßig an Werktagen benutzte Samowar verführerisch im Raume steht. Dies sind nur zwei Beispiele von einer Vielzahl sogenannter Probleme bei der Einhaltung des Sabbats. Man kann mit Sicherheit sagen, daß die Schwierigkeiten bei einer Gemeinschaft, die ausschließlich aus orthodoxen Juden besteht, zumindest während der letzten acht oder zehn Jahrhunderte ohne die "Hilfe" von Nichtjuden fast unlösbar waren.

Dies gilt noch mehr für die heutige Zeit im jüdischen Staat, weil viele öffentliche Dienste wie die Wasser-, Gas- und Stromversorgung in diese Kategorie fallen. Nicht eine Woche könnte der klassische Judaismus ohne die Hilfe einiger Nichtjuden bestehen.

Ohne die besonderen Dispensationen bereitet es große Schwierigkeiten, Nichtjuden für diese Arbeiten am Sonnabend einzusetzen, denn die talmudischen Vorschriften verbieten es Juden, einen Nichtjuden zu bitten, am Sabbat eine Arbeit zu verrichten, die sie selbst nicht tun dürfen. Ich werde nun zwei

Arten dieser für solche Zwecke benutzten Dispensationen beschreiben.

Zunächst einmal gibt es die Methode des "Andeutens", die auf der kasuistischen Logik beruht, nach der ein schlau formuliertes, sündiges Verlangen untadelig wird. In der Regel muß die Andeutung "dunkel", darf aber in Fällen extremer Dringlichkeit auch "klar" sein. So werden z.b. israelische Soldaten in einem kürzlich veröffentlichten Büchlein über die Befolgung religiöser Vorschriften belehrt, wie man mit von der Armee beschäftigten arabischen Arbeitern als Sabbat-Gojim spricht. In dringenden Fällen, wie wenn es etwa sehr kalt ist und ein Feuer entzündet werden muß oder man Licht für einen Gottesdienst braucht, kann ein jüdischer Soldat eine klare Andeutung benutzen und dem Araber sagen: "Es ist kalt oder dunkel hier".

Normalerweise muß aber eine dunkle Andeutung genügen, wie z.B.: "Es wäre sehr schön, wenn es hier etwas wärmer wäre." Diese Methode des "Andeutens" ist insofern besonders abstoßend und entwürdigend, als sie in der Regel bei Nichtjuden verwendet wird, die infolge ihrer Armut oder niedrigen sozialen Stellung vollständig der Macht ihrer jüdischen Arbeitgeber ausgeliefert sind. Ein nichtjüdischer Diener (oder Angestellter der israelischen Armee), der sich selbst nicht in der Auslegung der "dunklen Andeutungen" als Befehle übt, wird mitleidslos entlassen.

Die zweite Methode verwendet man für Fälle, in denen es sich bei der Arbeit, die ein Nichtjude an einem Sonnabend verrichten soll, nicht um eine gelegentliche Aufgabe oder einen persönlichen, je nach Bedarf anzudeutenden Dienst, sondern um routine- oder regelmäßige Arbeit ohne dauernde jüdische Überwachung handelt. Nach dieser Methode, der sogenannten "impliziten Einbeziehung" (havlaah) des Sabbats in die Werktage, wird der Nichtjude "für die ganze Woche (oder das ganze Jahr)" angestellt, ohne daß der Sabbat besonders herausgestellt wird. In Wirklichkeit wird die Arbeit jedoch nur am Sabbat getan.

Diese Methode benutzte man in der Vergangenheit, um Nichtjuden anzuwerben, die die Kerzen in der Synagoge nach dem Gebet am Samstagabend zu löschen hatten (damit sie nicht herunterbrannten, was eine Verschwendung bedeutete). Ein Beispiel aus dem modernen Israel ist die Regulierung der Wasserversorgung, die Überwachung von Wasserbecken an Sonnabenden.

Ähnlich geht man im Falle von Juden vor, jedoch zu einem anderen Zweck. Juden ist es verboten, eine Zahlung für am Sabbat verrichtete Arbeit entgegenzunehmen, auch wenn die Arbeit selbst erlaubt ist. Das hier angeführte wichtige Beispiel betrifft die geistlichen Berufe: den Rabbiner oder den talmudischen Gelehrten, der am Sabbat betet oder lehrt, den Vorsänger, der nur an Sonnabenden und anderen heiligen Tagen (an denen ähnliche Verbote gelten) singt sowie den Küster und ähnliche Berufsgruppen. In talmudischen Zeiten, und in einigen Ländern auch mehrere Jahrhunderte lang danach, wurden solche Arbeiten nicht bezahlt. Als aber später diese zu bezahlten Berufe wurden, benutzte man die Dispensation der "impliziten Einbeziehung" und stellte die entsprechenden Leute auf "Wochen-" oder "Jahresbasis" ein.

Im Falle der Rabbiner und talmudischen Gelehrten brachte das Problem besondere Schwierigkeiten mit sich, da der Talmud ihnen verbietet, sogar an Werktagen eine Bezahlung für das Beten, das Lehren oder das Studium talmudischer Angelegenheiten entgegenzunehmen. Für diese Gruppen legt eine Dispensation fest, daß deren Gehalt überhaupt kein richtiges Gehalt, sondern eine Vergütung für Müßiggang (dmej batalah) ist. Das Ergebnis beider Funktionen ist eine Umwandlung in bezahlten Müßiggang an Werktagen für eine Arbeit, bei der es sich in Wirklichkeit um eine Vergütung für die hauptsächlich oder auch ausschließlich am Sabbat verrichtete Tätigkeit handelt.

Soziale Aspekte der Dispensationen

Zwei soziale Aspekte dieser und vieler ähnlicher Praktiken verdienen besondere Erwähnung. Ein vorherrschender Zug dieses Systems der Dispensationen und des klassischen Judaismus, soweit er sich darauf gründet, ist die Täuschung, und zwar besonders die Täuschung Gottes, falls man dieses Wort für ein fiktives Wesen benutzen darf, das sich so leicht von den Rabbinern hintergehen läßt, die sich selbst für viel schlauer halten. Man kann sich keinen größeren Gegensatz zwischen dem Gott der Bibel (besonders dem der Großen Propheten) und dem Gott des klassischen Judaismus vorstellen. Letzterer hat mehr Ähnlichkeit mit dem Jupiter der früheren Römer, den seine Anbeter ähnlich beschwindelten, oder den in Frazers Golden Bough (Der Goldene Zweig) beschriebenen Göttern. Unter ethischem Gesichtspunkt stellt der Judaismus eine heute noch andauernde Entartung dar. Diese Der zweite vorherrsche Zug der Dispensationen besteht darin, daß sie sich zum größten Teil augenscheinlich auf das Streben nach Gewinn gründen. Gerade diese Kombination aus Heuchelei und Gewinnstreben erlangte einen immer stärkeren Einfluß auf das klassische Judentum. In Israel, wo dieser Prozeß noch andauert, spiegelt sich dies trotz aller offizieller durch das Bildungssystem und die Medien geförderten Gehirnwäsche nur schwach in der öffentlichen Meinung wider. Das religiöse Establishment, nämlich die Rabbiner und die religiösen Parteien und in gewissen Maße die orthodoxe Gemeinschaft als ganzes, sind in Israel sehr unpopulär, gerade weil ihnen der Ruf der Doppelzüngigkeit und Bestechlichkeit anhaftet. Natürlich ist die öffentliche Meinung (mit ihren möglicherweise häufigen Vorurteilen) nicht das gleiche wie eine soziale Analyse. In diesem besonderen Falle trifft es aber zu, daß das jüdische religiöse Establishment infolge des korrumpierenden Einflusses der orthodoxen jüdischen Religion eine starke Neigung zu Rechtsverdreherei und Schiebung aufweist. Weil im allgemeinen die Religion im sozialen Leben nur einer der sozialen Faktoren ist, hat sie auf die Masse der Gläubigen nicht annähernd den großen Einfluß wie auf die Rabbiner und die Führer der religiösen Parteien. Die in ihrer Mehrheit zweifellos aufrichtigen religiösen Juden in Israel sind nicht wegen, sondern trotz des Einflusses ihrer Religion und der Rabbiner ehrlich. Anderseits sind in den wenigen Bereichen des öffentlichen Lebens in Israel, welche die religiösen Zirkel vollständig beherrschen, Schiebung,

Bestechlichkeit und Korruption notorisch und übertreffen weit das "durchschnittliche" Maß, das die allgemeine nichtreligiöse Gesellschaft in Israel toleriert.

Im Kapitel IV ("IV Die Bürde der Geschichte") werden wir sehen, wie das im klassischen Judaismus vorherrschende Profitstreben mit der Struktur der jüdischen Gesellschaft und ihrer Ausprägung in der allgemeinen Gesellschaft, in deren Mitte die Juden in der "klassischen" Periode lebten, verknüpft ist. Hier möchte ich nur darauf hinweisen, daß das Gewinnstreben kein spezielles Merkmal des Judaismus in seiner gesamten Geschichte ist. Nur die platonische Konfusion, die nach dem metaphysischen zeitlosen "Wesen" des Judaismus sucht, statt die historischen Änderungen in der jüdischen Gesellschaft in Betracht zu ziehen, hat diese Tatsache verschleiert. (Und diese Konfusion wurde vom Zionismus in seiner Abhängigkeit von den "historischen Rechten", die in ahistorischer Weise aus der Bibel abgeleitet sind, stark gefördert.) Daher sagen die Apologeten des Judaismus unverblümt, daß die Bibel dem Gewinnstreben feindlich gegenübersteht und der Talmud eine gleichgültige Haltung einnimmt. Die Ursache hierfür liegt in den sehr verschiedenen sozialen Bedingungen, unter denen sie abgefaßt wurden. Wie schon oben gesagt, wurde der Talmud in zwei gut definierten Bereichen zu einer Zeit abgefaßt, als die dort lebenden Juden eine Gesellschaft bildeten, die sich auf die Landwirtschaft gründete und hauptsächlich aus Bauern bestand und sich somit in der Tat sehr stark von der Gesellschaft des klassischen Judaismus unterschied.

Im Kapitel V ("V Gesetze gegen Nichtjuden") behandeln wir ausführlich die feindlichen Einstellungen und Betrügereien, die das klassische Judentum gegen Nichtjuden hegt bzw. praktiziert. Wichtiger als sozialer Faktor ist jedoch die vom Gewinnstreben motivierte Täuschung, die alle reichen Juden gegen ihre armen Mitjuden (wie die Dispensation bezüglich des Zinses auf Kredite) ausüben. An dieser Stelle muß ich trotz einer Ablehnung sowohl der marxistischen Philosophie als auch seiner Gesellschaftstheorie anmerken, daß Marx in seinen beiden Artikeln über den Judaismus recht hatte, in denen er ihn als vom

Profitstreben beherrscht ansieht, vorausgesetzt, diese Ansicht beschränkt sich auf den ihm bekannten Judaismus, d.h. den klassischen Judaismus, der in seiner Jugend schon in das Stadium der Auflösung trat. Es stimmt, daß er dies willkürlich, ohne Sinn für Geschichte und ohne Beweis schrieb. Offensichtlich kam er intuitiv zu seiner Schlußfolgerung, hatte aber mit seiner Eingebung in diesem Falle und mit der entsprechenden historischen Einschränkung recht.

D) Die Bürde der Geschichte

Es ist viel Unsinn geschrieben worden bei dem Versuch, das Judentum oder den Judaismus "als ganzes" unter sozialen oder mystischen Gesichtspunkten auszulegen. Dies ist nicht möglich, denn die soziale Struktur des jüdischen Volkes und die ideologische Struktur des Judaismus haben sich im Laufe der Zeiten tiefgreifend verändert. Es lassen sich jedoch vier Hauptentwicklungsstufen unterscheiden: 1. Die Zeit der antiken Königreiche Israel und Juda bis zur Zerstörung des ersten Tempels (587 v. Chr.) und die babylonische Gefangenschaft. (Ein großer Teil des Alten Testament befaßt sich mit dieser Zeit, obwohl die wichtigsten Bücher des Alten Testaments einschließlich der Fünf Bücher Moses, sowie wir sie kennen, erst danach abgefaßt wurden.) Unter sozialen Gesichtspunkten hatten diese antiken jüdischen Königreiche eine große Ähnlichkeit mit den benachbarten Königreichen in Palästina und Syrien, wobei sich, wie ein sorgfältiges Studium der Propheten zeigt, die Ähnlichkeit auch auf die religiösen Kulte erstreckte, die von der großen Mehrheit des Volkes praktiziert wurden. Diese für den späteren Judaismus typischen Vorstellungen einschließlich der besonderen ethnischen Abgrenzung und der monotheistischen Exklusivität beschränkten sich in diesem Stadium auf kleine Kreise von Priestern und Propheten, deren sozialer Einfluß von königlicher Unterstützung abhing.

2. Die Zeit der Doppel-Zentren Palästina und Mesopotamien von der ersten "Rückkehr aus Babylon" (537 v. Chr.) bis etwa 500 n. Chr. Diese Zeit ist gekennzeichnet durch das Vorhandensein dieser beiden autonomen und sich hauptsächlich auf den Ackerbau gründenden jüdischen Gesellschaften, denen die schon zuvor von Priestern und Schriftstellern ausgearbeitete "jüdische Religion" durch die Macht und Autorität des persischen Reiches aufgezwungen wurde. Das Buch Esra im Alten Testament enthält

den Bericht des Priesters Esra, "eines gewandten Schriftgelehrten des Gesetzes des Moses". Der persische König Artaxerxes I. ermächtigte Esra, Beamte und Richter über die Juden in Palästina einzusetzen, damit "jeder, der nicht nach dem Gesetz Gottes und des Königs lebt, schnell verurteilt werde, sei es nun zum Tode, zur Verbannung, zur Beschlagnahme seines Gutes oder zu Gefängnisstrafen." Und im Buch Nehemia, eines königlichen Mundschenks, den König Artaxerxes zum Statthalter von Judäa mit noch größerer Machtfülle ernannte, erfahren wir, in welchem Ausmaß fremder (heute würde man sagen "imperialistischer") Druck bei der Aufzwingung der jüdischen Religion verwendet wurde, und zwar mit langanhaltenden Ergebnissen.

In beiden Zentren währte die jüdische Autonomie während des größten Teils dieser Zeit. Abweichungen von der religiösen Orthodoxie wurden unterdrückt. Ausnahmen von dieser Regel traten immer dann auf, wenn sich die religiöse Aristokratie selbst mit hellenistischen Ideen "infizierte" (von 300 bis 166 v. Chr. und danach wieder unter Herodes dem Großen und seinen Nachfolgern von 50 v. Chr. bis 70 n. Chr.) oder sie sich als Reaktion auf neue Entwicklungen spaltete (so z.B. die Aufspaltung in die großen Parteien der Pharisäer und Saddozäer um etwa 140 v. Chr.). Sobald jedoch eine der Parteien die Oberhand gewann, benutzte sie den Zwangsmechanismus der jüdischen Autonomie (oder, für eine kurze Zeit, der Unabhängigkeit), ihre eigenen religiösen Ansichten allen Juden in beiden Zentren aufzuzwingen. In dieser Zeit, besonders nach dem Zusammenbruch des persischen Reiches, und bis etwa 200 v. Chr., waren die Juden außerhalb dieser beiden Zentren meist frei von jüdischem religiösen Zwang. Unter den in Elephantine (Oberägypten) erhaltenen Papyrusrollen befindet sich ein Brief aus dem Jahre 419 v. Chr. mit dem Text eines Ediktes des persischen König Darius II., das den ägyptischen Juden in allen Einzelheiten vorschrieb, wie sie das Pessach-Fest befolgen müssen. Die hellenistischen Königreiche, die Römische Republik und das frühe Römische Reich kümmerten sich jedoch nicht um solche Dinge. Die Freiheit, in der die hellenistischen Juden außerhalb Palästinas lebten, förderte eine griechisch geschriebene jüdische Literatur, die der Judaismus später in toto ablehnte und dessen Überreste die Christen vor der Vergessenheit bewahrten. Diese relative Freiheit der jüdischen Gemeinden außerhalb der beiden Zentren ermöglichte den Aufstieg des Christentums. Bedeutsam ist dabei die Erfahrung des Apostels Paulus. Als die örtliche jüdische Gemeinde in Korinth Paulus wegen Häresie anklagte, wies der römische Statthalter Gallio die Klage sofort ab und weigerte sich, als "Richter in solchen Angelegenheiten" aufzutreten, wogegen in Judäa der Statthalter Festus sich verpflichtet fühlte, diesen rein internen religiösen Streit der Juden gerichtlich untersuchen zu lassen.

Diese Toleranz endete 200 n. Chr., als die Römer die jüdische Religion so, wie sie mittlerweile in Palästina erarbeitet und weiterentwickelt worden war, allen Juden des Reiches aufzwangen.

3. Die Zeit, die wir als klassischen Judaismus definiert haben, soll nachfolgend behandelt werden.

4. Die moderne Zeit ist gekennzeichnet durch den Zerfall der totalitären jüdischen Gemeinde und ihrer Macht sowie durch die Versuche, diese wiederherzustellen. Hierbei spielte der Zionismus die wichtigste Rolle. Diese Zeit beginnt im Holland des 17. Jahrhunderts, in Frankreich und Österreich (ohne Ungarn) im späten 18. Jahrhundert, in den meisten anderen europäischen Ländern in der Mitte des 19. Jahrhunderts und in einigen islamischen Ländern im 20. Jahrhundert. (Im Jahre 1948 lebten die Juden im Jemen noch immer in der mittelalterlichen "klassischen" Zeit.) Über diese Entwicklungen soll später noch etwas angemerkt werden.

Zwischen der zweiten und der dritten Zeit, und zwar derjenigen des klassischen Judaismus, klafft eine Lücke von mehreren Jahrhunderten, über die wir heute hinsichtlich der Juden und der jüdischen Gesellschaft nur wenig wissen. Das wenige, was uns bekannt ist, stammt alles aus externen (nichtjüdischen) Quellen. Aus den Ländern des lateinischen Christentums sind bis zur Mitte des 10. Jahrhunderts überhaupt keine schriftlichen

Aufzeichnungen überliefert. Die Informationen aus internen jüdischen Quellen, meist aus der religiösen Literatur, fließen nur im 11. und besonders im 12. Jahrhundert reichlicher. Für die Zeit davor sind wir zunächst vollständig auf römische Zeugnisse angewiesen. Obwohl in den islamischen Ländern die Informationslücke bei weitem nicht so groß ist, wissen wir nur sehr wenig über die jüdische Gesellschaft vor 800 n. Chr. und über die Umwälzungen, die während der drei vorangegangenen Jahrhunderte stattgefunden haben müssen.

Grundzüge des klassischen Judaismus

Wir wollen deshalb diese "dunklen Zeiten" ignorieren und der Einfachheit halber mit den beiden Jahrhunderten 1000 bis 1200 beginnen, aus denen uns Informationen aus sowohl internen als auch externen Quellen über alle wichtigen jüdischen Zentren in Ost und West reichhaltig zur Verfügung stehen.

Der klassische Judaismus, den man in dieser Zeit klar erkennen kann, hat sich damals nur wenig verändert und ist (unter der Maske des orthodoxen Judaismus) noch heute eine einflußreiche Macht. Wie kann man diesen klassischen Judaismus charakterisieren, und welche sozialen Unterschiede unterscheiden ihn von früheren Zeiten des Judaismus? Ich meine, daß es drei solcher Grundzüge gibt.

1. Die klassische jüdische Gesellschaft kannte keine Bauern und zeigt daher starke Unterschiede zwischen den früheren jüdischen Gesellschaften in den beiden Zentren Palästina und Mesopotamien. In unserer Zeit ist es schwierig zu verstehen, was dies bedeutet. Um erkennen zu können, daß während der gesamten klassischen Zeit die Juden trotz aller Verfolgungen, die sie erleiden mußten, in die privilegierten Klassen eingegliedert waren, müssen wir uns folgendes vor Augen halten: Die Bedeutung der Leibeigenschaft, den enormen Unterschied in der Fähigkeit des Lesens und Schreibens (ganz zu schweigen von einer Ausbildung), zwischen Dorf und Stadt während dieses Zeitraums und die unvergleichlich größere Freiheit, die sämtliche nichtbäuerlichen Minderheiten genossen. Die jüdische

Geschichtsschreibung ist besonders in den englischsprachigen Ländern in diesem Punkt insofern irreführend, als sie dazu neigt, sich auf die jüdische Armut und die antijüdische Diskriminierung zu konzentrieren. Beides gab es zeitweilig wirklich; jedoch stand der ärmste jüdische Handwerker, Hausierer, Verwalter eines Grundbesitzes oder ein unbedeutender Kleriker unendlich besser da als ein Leibeigener.

Dies gilt insbesondere für die europäischen Länder, in denen es die Leibeigenschaft, sei es nur teilweise oder in extremer Form, noch bis ins 19. Jahrhundert hinein gab: Preußen, Österreich (einschließlich Ungarn), Polen und die von Rußland annektierten polnischen Länder. Und es ist nicht ohne Bedeutung, daß vor dem Beginn der großen jüdischen Wanderungen der modernen Zeit (um etwa 1880) ein großer Teil der Juden in diesen Gebieten lebte und die wichtige soziale Funktion ausübte, Helfershelfer bei der Unterdrückung der Bauern seitens des Adels und der Krone zu spielen. Überall entwickelte der klassische Judaismus mehr noch als gegen Nichtjuden einen Haß und eine Verachtung gegen die Landwirtschaft als Beruf und die Bauern als Klasse, einen Haß, für den ich nichts Vergleichbares in anderen Gesellschaften kenne. Dies fällt sofort jedem auf, der sich in der jiddischen oder hebräischen Literatur des 19. und 20. Jahrhunderts auskennt.

Die meisten osteuropäischen jüdischen Sozialisten (d.h. die Mitglieder der ausschließlich oder vorwiegend jüdischen Parteien und Cliquen) luden die Schuld auf sich, nie auf diese Tatsache hingewiesen zu haben. In der Tat trugen viele von ihnen den Makel einer militanten Bauernfeindlichkeit, die sie vom klassischen Judaismus erbten. Natürlich kommen die zionistischen "Sozialisten" in dieser Hinsicht am schlechtesten weg, doch waren andere, wie der Bund, auch nicht viel besser. Ein typisches Beispiel ist ihre Gegnerschaft gegenüber den vom katholischen Klerus geförderten bäuerlichen Kooperativen aus dem Grunde, daß dies ein "Akt des Antisemitismus" sei. Selbst heute trifft man diese Einstellung noch an. Sie zeigt sich deutlich in den rassistischen Ansichten, die viele jüdische "Dissidenten" in der UdSSR hinsichtlich des russischen Volkes haben, und ebenso in der fehlenden Erörterung dieses Hintergrunds durch so viele jüdische Sozialisten wie etwa Isaak Deutscher.

Der gesamten rassistischen Propaganda über die angebliche Überlegenheit der jüdischen Moral und des jüdischen Intellekts (an der so viele jüdische Sozialisten mitwirkten) fehlt vollständig die Sensibilität für das Leiden eines großen Teils der Menschheit, der während der letzten tausend Jahre unter besonderer Unterdrückung zu leiden hatte, nämlich die Bauern, sowie von der Verachtung, die die Rabbiner den jüdischen Armen entgegenbrachten (ausgedrückt in der Regel als Verachtung für "Ignoranten").

Nichtsdestoweniger bestand dieses typische Kolonialsystem fort und wurde durch die Macht des Römischen Reiches gestützt.

Ähnliche Verhältnisse existierten überall in der gesamten Zeit des klassischen Judaismus, fielen je nach Größe der einzelnen Gemeinden in ihren sozialen Wirkungen jedoch unterschiedlich aus. Gehörten zu einer Gemeinde nur wenige Juden, so gab es in der Regel keine soziale Differenzierung, da sie mehr oder weniger aus Reichen oder Angehörigen des Mittelstandes bestanden, von denen die meisten eine gute rabbinisch-talmudische Ausbildung genossen hatten. In Ländern jedoch, in denen es eine größere Anzahl von Juden gab und sich eine große Klasse jüdischer Armer herausbildete, zeigte sich dieselbe oben beschriebene Spaltung. Hier sehen wir, wie die rabbinische Klasse gemeinsam mit den Reichen die armen Juden sowohl im eigenen Interesse als auch im Interesse des Staates, d.h. im Interesse von Krone und Adel, unterdrückt.

Dies gilt insbesondere für die Situation in Polen vor 1795. Die jeweiligen Bedingungen, unter denen das polnische Judentum lebte, sollen später beschrieben werden. Hier möchte ich nur darauf hinweisen, daß wegen der Bildung einer großen jüdischen Gemeinde in diesem Land sich eine tiefe Kluft zwischen der jüdischen Oberklasse (den Rabbinern und den Reichen) und den jüdischen Massen vom 18. Jahrhundert an auftat und bis ins 19. Jahrhundert reichte. Solange die jüdische Gemeinde Macht über ihre Mitglieder ausübte, konnte sie die anfänglichen Revolten der die Hauptlast der Steuern tragenden Armen durch die Kombination aus religiösen Sanktionen und dem nackten Zwang der jüdischen "Selbstverwaltung" unterdrücken.

Aus all diesen Gründen waren die Rabbiner in der klassischen Zeit (wie in der modernen Zeit) die loyalsten (um nicht zu sagen, die eifrigsten) Helfer der jeweils Mächtigen. Und je reaktionärer das Regime war, desto größere Unterstützung erhielt es von den Rabbinern.

3. Die Gesellschaft des klassischen Judaismus steht der sie umgebenden nichtjüdischen Gemeinschaft mit Ausnahme des Königs (oder der Adligen nach der Machtübernahme im Staate) vollkommen ablehnend gegenüber, was im Kapitel V ("V Gesetze gegen Nichtjuden") nur allzu deutlich wird.

Zusammengenommen erklären die Folgen dieser drei sozialen Bedingungen weitgehend die Geschichte der klassischen jüdischen Gemeinschaft sowohl in christlichen als auch in moslemischen Ländern. Eine besonders günstige Stellung hatten die Juden unter starken Regimen, die einen feudalen Charakter beibehielten und in denen sich ein Nationalbewußtsein nicht einmal in rudimentären Ansätzen entwickelte.

Noch besser ist die Stellung in Ländern, wie in Polen vor 1795 oder in den iberischen Königreichen vor der zweiten Hälfte des 15. Jahrhunderts, in denen die Bildung einer nationalen, mächtigen Zentralgewalt zeitweilig oder dauernd verhindert wurde. In der Tat hatte das klassische Judentum ihre höchste Blüte unter starken Regimen, die sich gegen die meisten Stände in der Gesellschaft abgrenzte. Unter solchen Regimen führten die Juden die Funktion einer Mittelklasse aus, wenn auch in dauernd abhängiger Form.

Aus diesem Grunde wurden sie nicht nur von der Bauernschaft (deren Widerstand mit Ausnahme seltener Volksaufstände unwichtig ist), sondern mehr noch von der nichtjüdischen Mittelklasse (die in Europa damals im Aufstieg begriffen war) und von der niederen Geistlichkeit bekämpft. Geschützt wurden sie von der höheren Geistlichkeit und dem Adel. In den Ländern jedoch, in denen nach Brechung der feudalen Anarchie sich der Adel mit dem König (und mit zumindest einem Teil des Bürgertums) zur Führung des Staates (eines entstehenden oder vollendeten Nationalstaates) verbündete, verschlechterte sich die Stellung der Juden.

Dieses sowohl für moslemische als auch für christliche Länder gültige allgemeine Schema soll nun durch einige wenige Beispiele kurz veranschaulicht werden.

England, Frankreich und Italien

Da die erste Zeit jüdischer Anwesenheit in England sehr kurz war und mit der Entwicklung der nationalen Monarchie zusammenfiel, kann dieses Land als bestes Beispiel für das obige Schema dienen.

Wilhelm der Eroberer brachte die Juden als Teil der französischsprachigen normannischen Herrscherklasse hauptsächlich zu dem Zweck nach England, den geistlichen und weltlichen Feudalherren Kredite zu gewähren, da sie sonst keine Möglichkeit hatten, ihre Lehensabgaben zu bezahlen. Diese Abgaben waren in England besonders hoch und wurden in dieser Zeit nachdrücklicher als in allen anderen europäischen Monarchien eingetrieben. Der wichtigste königliche Schutzherr der Juden war Heinrich II. Die Magna Charta steht jedoch für den Beginn ihres Abstiegs, der sich während des Konflikts der Barone mit Heinrich III.

fortsetzte. Die vorübergehende Beilegung des Konflikts durch Eduard I. sowie die Einführung des Parlaments und der "normalen" und festen Besteuerung wurde von der Austreibung der Juden begleitet.

Ebenso erlebten die Juden in Frankreich eine Blüte während der Bildung feudaler Fürstentümer im 11. und 12. Jahrhundert einschließlich der königlichen Ländereien. Ihr bester Schutzherr unter den Kapetingern war Ludwig VII. (1137 bis 1180), ungeachtet seiner tiefen und aufrichtigen christlichen Frömmigkeit. Zu jener Zeit zählten sich die Juden in Frankreich zu den Edelleuten (paraschim auf Hebräisch). Die führende jüdische Autorität in Frankreich, Rabbenu Tam, warnt sie davor, einer Einladung eines Feudalherren zur Niederlassung auf seinem Landgut zu folgen, sofern sie nicht ähnliche Privilegien wie die anderen Edelleute erhalten. Der Niedergang ihrer Stellung beginnt mit Philipp II. Augustus, dem Urheber der politischen und militärischen Allianz der Krone mit aufsteigenden städtischen Kommune-Bewegungen, und setzt sich unter Philipp IV., dem Schönen, fort, der erstmals die drei Generalstände für ganz Frankreich zusammenrief, um Unterstützung gegen den Papst zu erhalten . Die schließliche Austreibung der Juden aus ganz Frankreich ist eng mit der festen Einrichtung der Besteuerungsrechte der Krone und dem nationalen Charakter der Monarchie verbunden.

Ähnliche Beispiele lassen sich aus anderen europäischen Ländern anführen, in denen die Juden während dieser Zeit lebten. Während wir das christliche Spanien und Polen noch etwas ausführlicher behandeln wollen, läßt sich in Italien, wo viele Stadtstaaten eine republikanische Herrschaftsform hatten, dieselbe Regelmäßigkeit erkennen. Eine besondere Blüte erlebten die Juden im Kirchenstaat, im Königreich beider Sizilien (bis sie 1540 auf spanischen Befehl vertrieben wurden) und in den feudalen Enklaven von Piemont. In den großen unabhängigen Handelsstädten wie Florenz war ihre Anzahl jedoch gering und ihre soziale Rolle ohne Bedeutung.

Moslemische Länder

Dasselbe allgemeine Schema gilt für die jüdischen Gemeinden während der klassischen Zeit in den moslemischen Ländern, jedoch mit der wichtigen Ausnahme, daß die Austreibung der Juden dort nahezu unbekannt war, weil gegen das islamische Recht verstoßend. (Das katholische Kirchenrecht im Mittelalter macht dagegen keine Aussagen zur Zulässigkeit oder Unzulässigkeit solch einer Vertreibung.) Die jüdischen

Gemeinden gediehen während des bekannten, jedoch sozial mißdeuteten jüdischen Goldenen Zeitalters in moslemischen Ländern unter Regimen, die sich in besonderer Weise von der Mehrheit der von ihnen beherrschten Menschen abhoben und deren Macht auf nichts als nackter Gewalt und einer Söldnertruppe beruhte. Das beste Beispiel hierfür ist das maurische Spanien, wo das wahre jüdische Goldene Zeitalter (der Philosophie, der hebräischen Dichtung usw.) genau mit dem Niedergang des spanischen Kalifats der Omaijaden nach dem Tode des de facto Herrschers Al-Mansur im Jahre 1002 und der Einrichtung zahlloser kleiner Königreiche beginnt, die alle auf nackter Gewalt beruhen. Der Aufstieg des bekannten Oberbefehlshabers und Premierministers des Königreiches Granada, Samuel der Fürst (Samuel ha-Nagid bzw. Samuel ibn Nagrela, 993 bis 1055), eines der größten hebräischen Poeten aller Zeiten, war möglich, weil es sich bei dem Königreich, dem er diente, um die Tyrannei einer ziemlich kleinen berberischen Militärmacht über die arabischsprechenden Einwohner handelte. Ähnlich war die Lage in den anderen arabisch-iberischen kleinen Königreichen. Die Stellung der Juden verschlechterte sich etwas mit der Errichtung des Regimes der Almoraviden (1086 bis 1147) und wurde unter dem starken und volksverbundenen Regime der Almohaden (nach 1147) gefährlich, als wegen der Verfolgungen die Juden in die christlichen spanischen Königreiche emigrierten, in denen die Könige noch nicht so mächtig waren.

Ähnliches beobachtet man in den Staaten des moslemischen Ostens. Der erste Staat, in dem die jüdische Gemeinde eine Stellung mit wichtigem politischen Einfluß erreichte, war das Reich der Fatimiden.

Dies gilt besonders für den Zeitpunkt nach der Eroberung Ägyptens im Jahre 969, weil es auf der Herrschaft einer religiösen Minorität der schiitischen Ismailiten beruhte. Dasselbe Phänomen läßt sich in den Staaten der Seldschuken mit ihren feudalen Armeen - Söldnertruppen und in steigendem Maße auch Sklaventruppen (Mamelucken) - und in ihren Nachfolgestaaten beobachten. Die Vorliebe Saladins für die jüdischen Gemeinden, erst in Ägypten und dann in anderen Teilen seines sich ausweitenden Reiches, begründete sich nicht nur auf seinen echten persönlichen Qualitäten, wie Toleranz, Warmherzigkeit und tiefer politischer Weisheit, sondern gleichermaßen auf seinem Machtzuwachs als rebellischer Befehlshaber der neu in Ägypten eingetroffenen Söldnertruppen und später als Usurpator der dynastischen Macht, der er (wie sein Vater und sein Onkel vor ihm) gedient hatte.

Das vielleicht beste islamische Beispiel ist der Staat, in dem die Juden eine bessere Stellung als irgendwo anders im Osten seit dem Niedergang des alten Persischen Reiches hatten, nämlich das Osmanische Reich, besonders auf seinem Höhepunkt im 16. Jahrhundert. Wie allgemein bekannt, basierte die Herrschaft der Osmanen zunächst auf dem nahezu vollständigen Ausschluß der Türken selbst (nicht zu erwähnen die anderen gebürtigen Moslems) von den politischen Machtstellungen und vom wichtigsten Teil der Armee, nämlich der Janitscharen (aus in der Kindheit entführten und in speziellen Schulen ausgebildeten Sklaven christlicher Herkunft rekrutiert). Bis zum Ende des 16. Jahrhunderts konnte kein frei geborener Türke Mitglied der Janitscharen werden oder ein wichtiges Regierungsamt bekleiden. Unter solch einem Regime spielten die Juden in ihrem Wirkungskreis eine ganz ähnliche Rolle wie die Janitscharen in ihrem Bereich.

Daher hatten die Juden die beste Stellung unter einem Regime, das sich von den regierten Untertanen politisch am meisten abhob. Mit der Zulassung der Türken selbst (sowie einiger anderer Moslemvölker wie der Albaner) zur herrschenden Klasse des Osmanischen Reiches erfährt die Stellung der Juden ihren Niedergang, der wegen der andauernden Willkürmaßnahmen und des unvölkischen Charakters des Osmanischen Regimes nicht allzu abrupt verlief.

Meines Erachtens ist dieser Punkt besonders wichtig, weil sich palästinensische und andere arabische Propagandisten auf die relativ gute Lage der Juden unter dem Islam im allgemeinen und unter bestimmten islamischen Regimen im besonderen in einer sehr einfältigen, obgleich wohlmeinenden Weise berufen. Zunächst einmal verallgemeinern sie und reduzieren ernste Fragen der Politik und Geschichte auf reine Schlagwörter. Zugegeben, die Stellung der Juden war im allgemeinen viel besser unter dem Islam als unter dem Christentum. Als wichtige Frage bleibt jedoch, unter welchem Regime sie besser oder schlechter war.

Wir haben gesehen, wohin solch eine Analyse führt. Als zweiter und noch wichtigerer Punkt bleibt anzuführen, daß in einem vormodernen Staat die "bessere" Stellung der jüdischen Gemeinde in der Regel eine stärkere Tyrannei zur Folge hatte, die die Rabbiner in dieser Gemeinschaft gegenüber anderen Juden ausübten. Dazu ein Beispiel: Unter Berücksichtigung seiner Zeit ist Saladin sicherlich eine Gestalt, die tiefen Respekt abverlangt. Doch trotz dieses Respektes kann ich nicht vergessen, daß die größeren der jüdischen Gemeinde in Ägypten gewährten Privilegien und die Ernennung von Maimonides als Oberhaupt (Nagid) sofort eine starke religiöse Verfolgung der jüdischen "Sünder" durch die Rabbiner nach sich zog. So ist es z.B. jüdischen

"Priestern" (angeblichen Abkömmlingen der antiken Priester, die im Tempel dienten) verboten, nicht nur Prostituierte, sondern auch Geschiedene zu heiraten. Dieses Verbot, das immer Schwierigkeiten bereitete, verletzten während der Anarchie unter den letzten Fatimiden (etwa 1130 bis 1180) solche "Priester", die entgegen dem jüdischen religiösen Gesetz jüdische geschiedene Frauen in islamischen Gerichten (die auch Nicht-Moslems trauen durften) heirateten. Die größere von Saladin zugestandene Toleranz für "die Juden"

bei seiner Machtübernahme versetzte Maimonides in die Lage, Befehle an die rabbinischen Gerichte in Ägypten zu erteilen, alle unerlaubt verheirateten Juden zu ergreifen und auszupeitschen, bis sie ihrer Ehescheidung "zustimmten". Im Osmanischen Reich war die Macht der rabbinischen Gerichte ebenfalls sehr groß und infolgedessen auch höchst bösartig. Deshalb sollte man die Stellung der Juden in moslemischen Ländern der Vergangenheit nie als politisches Argument im Zusammenhang mit der Gegenwart (oder der Zukunft) benutzen.

Das christliche Spanien

Den Schluß habe ich den beiden Ländern vorbehalten, in denen die Stellung der jüdischen Gemeinde und die innere Entwicklung des klassischen Judaismus am wichtigsten war, nämlich das christliche Spanien (oder mehr noch die iberische Halbinsel einschließlich Portugal) und das Polen vor 1795. Politisch gesehen, hatten die Juden in den christlichen spanischen Königreichen die höchste Stellung, die sie je in einem Land (mit Ausnahme einiger der arabisch-iberischen kleinen Königreiche und unter den Fatimiden) vor dem 19. Jahrhundert erreichten. Viele Juden dienten offiziell als Schatzmeister der kastilischen Könige, als regionale und überregionale Steuereintreiber, als Diplomaten (Vertreter des Königs an fremden sowohl moslemischen als auch christlichen Höfen und sogar außerhalb Spaniens) und als Höflinge und Ratgeber der Herrscher und des Hochadels. Mit Ausnahme Polens hatte die jüdische Gemeinde in keinem anderen Land größere Machtbefugnisse über die Juden oder benutzte sie - einschließlich der Todesstrafe - so rigoros in der Öffentlichkeit. Seit dem 11. Jahrhundert war es in Kastilien üblich, Karäer (Angehörige einer jüdischen Sekte) durch Auspeitschen bis zum Tode zu bestrafen, falls sie keine Reue zeigten. Jüdischen Frauen, die sich mit Nichtjuden einließen, schnitten Rabbiner die Nasen ab und erklärten dabei, daß "sie auf diese Weise ihre Schönheit verliert und der nichtjüdische Geliebte sie hassen wird". Juden, die die Unverfrorenheit hatten, einen jüdischen Richter anzugreifen, hackte man die Hände ab. Ehebrecher wurden, nachdem sie durch das jüdische Viertel Spießruten laufen mußten, ins Gefängnis gesteckt. Bei religiösen Disputen schnitt man vermeintlichen Häretikern die Zunge heraus.

Unter historischen Gesichtspunkten steht all dies im Zusammenhang mit der feudalen Willkürherrschaft und dem Versuch einiger weniger "starker" Könige, mit nackter Gewalt zu herrschen und die parlamentarischen Institutionen, wie die schon existierende Cortes, zu übergehen. In diesem Kampf war nicht nur der politische und finanzielle Einfluß der Juden, sondern auch ihre militärische Macht (zumindest im wichtigsten Königreich; in Kastilien) von großer Bedeutung. Ein Beispiel soll genügen. Sowohl die feudale Mißwirtschaft als auch der jüdische politische Einfluß in Kastilien erreichten ihren Höhepunkt unter Peter I. mit dem passenden Beinamen der Grausame. Die jüdischen Gemeinden in Toledo, Burgos und anderen Städten dienten praktisch als seine Garnisonen in dem langen Bürgerkrieg zwischen ihm und seinem Halbbruder Heinrich von Trastámara, der nach seinem Sieg Heinrich II. (1369 bis 1379) genannt wurde. Derselbe Peter I. übertrug den kastilischen Juden das Recht, eine landesweite Inquisition gegen jüdische religiöse Abweichler einzurichten, und das 100 Jahre vor der Einsetzung der bekannteren Heiligen Inquisition der Katholischen Kirche.

Wie in anderen westeuropäischen Ländern wurde das stetige Ansteigen des Nationalbewußtseins in der Monarchie, das unter dem Haus Trastámara begann und nach einigen Rückschlägen seinen Höhepunkt unter den Katholischen Königen Ferdinand und Isabella erreichte, zunächst von einem Verfall der Stellung der Juden und anschließend durch Volksbewegungen und Druck gegen sie mit anschließender Austreibung begleitet. Im ganzen schützten der Adel und die hohe Geistlichkeit die Juden. Eine feindliche Einstellung hegten die plebejischen Teile der Kirche und hier insbesondere die ins Leben der unteren Schichten eingebundenen Bettelorden. Die größten Feinde der Juden, nämlich Torquemada und der Kardinal Jiménez, waren aber auch große Reformer der spanischen Kirche. Sie beseitigten weitgehend die Korruption und stärkten die Bindung an die Monarchie, statt die feudale Aristokratie zu konservieren.

Polen

Das alte Polen vor 1795, eine Adelsrepublik mit einem Wahlkönig, ist ein entgegengesetztes Beispiel. Es zeigt, daß die Juden vor dem Entstehen des modernen Staates eine bedeutende soziale Stellung und die höchste innere Autonomie hatten, und zwar unter einem Regime, das in einem Zustand völliger Degenerierung verharrte. Aus mehreren Gründen hinkte die Entwicklung des mittelalterlichen Polen hinter Ländern wie England und Frankreich her. Eine starke, feudalistisch zu nennende Monarchie ohne parlamentarische Institutionen gab es nur im 14. Jahrhundert, besonders unter Kasimir dem Großen (1333 bis 1370). Unmittelbar nach seinem Tod führten Wechsel in der Dynastie und andere Faktoren zu einer schnellen Machtentfaltung der adligen Magnaten und dann auch des niederen Adels, so daß bis 1572 der Prozeß, den König auf einen Strohmann zu reduzieren und die nichtadligen Stände von der politischen Macht auszuschließen, nahezu beendet war. In den folgenden beiden Jahrhunderten entwickelte sich Polen infolge einer fehlenden Regierung zu der bekannten Anarchie. Dies ging soweit, daß ein Adliger eine Gerichtsentscheidung nur als Lizenz zur Führung eines Privatkriegs zur Durchsetzung des Spruches (es gab keine andere Möglichkeit zur Durchsetzung) betrachtete und im 18. Jahrhundert Fehden zwischen den großen Adelshäusern mit Privatarmeen ausgetragen wurden, die eine Mannschaftsstärke von mehreren zehntausend hatten und größer als die lächerlichen Kräfte der offiziellen Armee der Adelsrepublik waren.

Begleitet wurde dieser Prozeß von einer Verschlechterung der sozialen Stellung der polnischen Bauern (die im Frühmittelalter frei waren) bis zu reiner Leibeigenschaft, die sich kaum noch von Sklaverei unterschied und sicherlich die härteste in ganz Europa war. Der Wunsch des Adels in den benachbarten Ländern, die Macht des polnischen Pan über seine Bauern zu besitzen (einschließlich der Macht über Leben und Tod ohne das Recht auf Berufung) förderte die territoriale Expansion Polens. Am schlechtesten war die Lage in den "östlichen" Ländern Polens (Weißrußland und Ukraine), die von gerade in die Leibeigenschaft geratenen Bauern kolonisiert und besiedelt wurden. Eine kleine, jedoch hochrangige Anzahl von Juden lebte augenscheinlich seit dem 10. Jahrhundert in Polen. Eine jüdische Einwanderung in größem Umfang begann im 13. Jahrhundert und erreichte unter Kasimir dem Großen den Höhepunkt. Gleichzeitig verschlechterte sich die Lage der Juden in West- und dann in Mitteleuropa. Über das polnische Judentum in dieser Zeit ist nur wenig bekannt. Doch mit dem Niedergang der Monarchie im 16. Jahrhundert, und zwar besonders unter Sigismund I. (1506 bis 1548) und seinem Sohn Sigismund II. August I. (1548 bis 1572), erlangten die Juden schlagartig soziale und politische Bedeutung, begleitet wie üblich mit einem höheren Grad an Autonomie. Dies war jene Zeit, in der die Juden Polens ihre umfangreichsten Privilegien erhielten, was in der Schaffung der bekannten Vierländersynode, einem sehr wirksamen autonomen jüdischen Organ zur Herrschaft und Rechtsprechung über alle Juden in den vier Landesteilen Polens, gipfelte. Eine ihrer vielen wichtigen Aufgaben bestand darin, sämtliche Steuern von Juden im ganzen Land einzuziehen, einen Teil des Ertrages für eigene Zwecke und für die örtlichen jüdischen Gemeinden abzuzweigen und den Rest dem staatlichen Schatzamt zu übergeben.

Welche soziale Rolle spielte nun das polnische Judentum vom Beginn des 16. Jahrhunderts bis 1795? Mit dem Niedergang der königlichen Macht übernahm der Adel sehr schnell die Aufgabe, die der König hinsichtlich der Juden ausübte, und zwar mit langandauernden und tragischen Ergebnissen für die Juden selbst und für die einfachen Leute in der polnischen Adelsrepublik. In ganz Polen nutzten Adlige die Juden als Mittelsmänner, die wirtschaftliche Kraft der ohnehin schon schwachen königlichen Städten zu untergraben. Unter den Ländern der westlichen Christenheit unterlag nur in Polen der Grundbesitz eines Adligen in einer königlichen Stadt nicht den Gesetzen der Stadt und den Satzungen der Zünfte. In den meisten Fällen setzten die Adligen ihre jüdischen Abhängigen in diesen Landbesitz ein und schufen somit den Grund für einen permanenten Konflikt. Die Juden waren in der Regel "siegreich" in dem Sinne, als die Städte sie weder unterdrücken noch vertreiben konnten. Bei den häufigen Volksaufständen verloren Juden ihr Leben (und häufiger ihren Besitz), während die Adligen die Profite einstrichen. Ähnliche oder noch schlechtere Folgen hatte die häufige Verwendung von Juden als kommerzielle Vermittler des Adels: Sie brauchten die meisten polnischen Abgaben und Zölle nicht zu bezahlen, was ein Nachteil für die polnischen Bürger war.

Die am andauerndsten und tragischsten Folgen zeigten sich in den östlichen Provinzen Polens, und zwar etwa im Bereich östlich von der heutigen Grenzen sowie in fast dem gesamten Gebiet der Ukraine bis hin zur russischen Sprachgrenze (bis 1667 reichte die polnische Grenze weit östlich über den Dnjepr hinaus, so daß z.b. Poltawa in Polen lag). In diesem großen Gebiet gab es nahezu keine königlichen Städte. Die Städte wurden von den Adligen gegründet, gehörten ihnen und wurden nahezu ausschließlich von Juden besiedelt. Bis 1939 betrug ihr Bevölkerungsanteil in vielen polnischen Städten östlich des Bug etwa 90%. Dieses demographische Phänomen war noch ausgeprägter in jenem Gebiet des zaristischen Rußland, das ehemals zu Polen gehörte und als jüdischer Pale-Distrikt bekannt ist. Außerhalb der Städte waren in ganz Polen, und hier besonders im Osten, viele Juden als direkte Bewacher und Unterdrücker der geknechteten Bauernschaft beschäftigt - als Verwalter ganzer Rittergüter (ausgestattet mit der vollständigen Hausgewalt des Eigentümers) oder als Pächter bestimmter feudaler Monopole, wie Mühlen, Bäckereien, Wirtshäuser oder Destillerien (mit dem Recht, bewaffnet die Bauernhäuser nach illegal gebranntem Alkohol zu durchsuchen) sowie als Eintreiber feudaler gewohnheitsrechtlicher Abgaben aller Art. Kurz gesagt, im östlichen Polen waren die Juden unter der Herrschaft des Adels (und der feudalisierten Kirche, die ausschließlich vom Adel gebildet wurde) sowohl unmittelbare Ausbeuter der Bauernschaft als auch nahezu die einzigen Stadtbewohner.

Zweifellos erhielten die Gutsherren auf diese oder jene Weise die von den Juden den Bauern abgepreßten Profite. Zweifellos gab es auch eine starke Unterdrückung und Unterjochung der Juden durch den Adel. Die historischen Berichte erzählen so manche erschreckende Geschichte über die Nöte und die Demütigungen, die der Adel "seinen Juden" zufügte. Wie wir aber schon gesehen haben, litten die Bauern am schwersten unter der Unterdrückung sowohl durch die Gutsherren als auch durch die Juden. Man kann annehmen, daß außer während der Bauernaufstände die Bauern von der vollen Wucht der jüdischen religiösen Gesetze gegen Nichtjuden getroffen wurden. Wie wir im nächsten Kapitel erfahren werden, wurden diese Gesetze nur dann zeitweilig außer

Kraft gesetzt oder abgeschwächt, wenn man befürchtete, sie könnten gefährliche Feindschaft gegen die Juden wecken. Die Feindseligkeit der Bauern konnte man jedoch solange als wirkungslos vernachlässigen, als sich der jüdische Gutsverwalter hinter dem Rücken seines Gutsherrn verkriechen konnte.

Bis zur Entstehung moderner Staaten blieb die Situation gleich. Zu dieser Zeit war Polen schon auseinandergefallen. Deshalb war es das einzige große Land im westlichen Christentum, aus dem die Juden nie vertrieben wurden. Eine neue Mittelklasse konnte aus der vollständig versklavten Bauernschaft nicht entstehen. Das alte Bürgertum lebte nur in begrenzten Gebieten, war wirtschaftlich schwach und deshalb machtlos. Die Lage verschlechterte sich insgesamt, hatte jedoch keine grundlegende Änderung zur Folge.

Die innere Lage der jüdischen Gemeinden entwickelte sich auf ähnliche Art und Weise. In der Periode von 1500 bis 1795, einer Zeit des ausgeprägtesten Aberglaubens in der Geschichte des Judaismus, übertraf das polnische Judentum an abergläubischer Furcht und Fanatismus alle anderen jüdischen Gemeinschaften.

Die beträchtliche Macht der jüdischen Selbstverwaltung wurde immer stärker ausgeübt, um alle originellen und neuen Gedanken zu unterdrücken, die schamlose Ausbeutung der jüdischen Armen durch die jüdischen Reichen und die Rabbiner zu fördern und die Rolle der Juden bei der Unterdrückung der Bauern im Dienste des Adels zu rechtfertigen. Auch hier fand sich mit Ausnahme einer Befreiung von außen kein Ausweg.

Im Polen vor 1795, wo die Juden eine größere soziale Rolle als jede andere klassische Diaspora spielten, zeigt sich besser als in jedem anderen Lande der Bankrott des klassischen Judaismus.

Antijüdische Verfolgungen

Während der gesamten Zeit des klassischen Judaismus waren Juden oft Opfer von Verfolgungen. Gerade diese Tatsache dient jetzt als Haupt-"Argument" der Apologeten der jüdischen

Religion mit ihren gegen Nichtjuden gerichteten Gesetze und speziell der Zionisten. Natürlich ist die Ausrottung von 5 bis 6 Millionen europäischer Juden durch die Nationalsozialisten das alles übertreffende Alibi auf dieser Ebene. Deshalb müssen wir dieses Phänomen und seine zeitgenössischen Aspekte näher betrachten. Insbesondere gilt dies hinsichtlich der Tatsache, daß die Nachkommen der Juden aus Polen vor 1795 ("osteuropäische Juden" genannt, im Gegensatz zu den Juden aus dem deutschen Kulturraum des frühen 19. Jahrhunderts einschließlich Österreich, Böhmen und Mähren) heute hauptsächlich die politische Macht in Israel sowie in den jüdischen Gemeinden der USA und anderer englischsprachiger Länder ausüben. Wegen dieser ihr ureigenen Vergangenheit hat sich diese Art des Denkens besonders tief bei ihnen eingegraben, und zwar weitaus nachhaltiger als bei anderen Juden.

Zunächst müssen wir scharf unterscheiden zwischen den Verfolgungen der Juden während der klassischen Zeit einerseits und der Ausrottung durch die Nationalsozialisten anderseits. Erstere waren von unten kommende Volksbewegungen, wogegen letztere von oben ausgeheckt, organisiert und ausgeführt wurde, und zwar durch Staatsbeamte. Solche Maßnahmen wie die staatlich von den Nationalsozialisten organisierte Ausrottung findet man in der Weltgeschichte relativ selten, obwohl es andere Fälle gibt (z.B. die Ausrottung der Tasmanier und anderer kolonisierter Völker). Außerdem beabsichtigten die Nationalsozialisten, außer den Juden auch andere Völker auszulöschen. So wurden die Zigeuner wie die Juden vernichtet, und die Ausrottung der Slawen hatte schon angefangen, wobei Millionen von Zivilisten und Kriegsgefangenen, systematisch umgebracht wurden. Gerade die wiederholten Verfolgungen von Juden in vielen Ländern während der klassischen Zeit benutzen die zionistischen Politiker bei der Verfolgung der Palästinenser als Vorwand (und als Ausrede) und die Apologeten des Judaismus als Argument im allgemeinen. Dies ist ein Phänomen, das näher beleuchtet werden soll.

Es muß darauf hingewiesen werden, daß auch bei den schlimmsten antijüdischen Verfolgungen (d.h., bei denen Juden getötet wurden) die herrschende Elite, nämlich der Kaiser und der Papst, die Könige, der Hochadel und der höhere Klerus sowie das reiche Bürgertum in selbstverwalteten Städten, immer auf der Seite der Juden standen. Die Feinde der Juden zählten zu den mehr unterdrückten und ausgebeuteten Klassen und denjenigen, die ihnen im täglichen Leben und in ihren Intentionen nahestanden wie etwa die Brüder der Bettelorden. Es ist eine Wahrheit, daß in den meisten (wenn auch meiner Meinung nach nicht in allen) Fällen Mitglieder der Elite die Juden weder aus Gründen der Humanität noch wegen besonderer Sympathien für die Juden als solche verteidigten, sondern einfach aus dem Grund, den die Herrschenden im allgemeinen zur Rechtfertigung ihrer Interessen anführen, nämlich die Nützlichkeit der Juden (für sie), die Verteidigung von "Recht und Ordnung", der Haß auf die niedrigen Schichten und die Furcht, daß antijüdische Unruhen sich zu einem allgemeinen Volksaufstand ausweiten könnten. Dennoch bleibt die Tatsache bestehen, daß sie die Juden in Schutz nahmen.

Aus diesem Grund waren alle Massaker an den Juden während der klassischen Periode des Judaismus Teil eines Bauernaufstandes oder anderer Volksbewegungen in den Zeiten, in denen die Regierung aus irgendeinem Grunde besonders schwach war. Dies gilt besonders für das zaristische Rußland, das in gewisser Weise eine Ausnahme bildet. Die zaristische Regierung, die über ihre Geheimpolizei hinterhältige Maßnahmen ergriff, förderte die Pogrome immer nur dann, wenn sie besonders schwach war (wie nach der Ermordung von Alexander II. 1881 und in der Zeit unmittelbar vor und nach der Revolution von 1905). Aber auch dann achtete sie sorgfältig darauf, daß "Recht und Ordnung" gewahrt wurden. Zur Zeit der größten Macht wie etwa unter Nikolaus I. oder gegen Ende der Herrschaft von Alexander III., als die Opposition vernichtet war, tolerierte das zaristische Regime keine Pogrome, obwohl sich die durch Gesetzgebung erfolgte Diskriminierung der Juden intensivierte.

Diese allgemeine Linie läßt sich in allen größeren Massakern an den Juden im christlichen Europa beobachten. Während des ersten Kreuzzuges bedrängten nicht die von berühmten Herzögen und Grafen befehligten Armeen der Ritter die Juden, sondern spontane Volksmassen, die nahezu ausschließlich aus Bauern und Verarmten im Gefolge von Peter von Amiens bestanden. In jeder Stadt bezog der Bischof oder der Vertreter des Kaisers Stellung gegen sie und versuchte, wenn auch oft vergeblich, die Juden zu schützen. Die antijüdischen Aufstände in England, die den dritten Kreuzzug begleiteten, waren Teil einer Volksbewegung, die sich auch gegen königliche Beamte richtete. Einige Aufständische wurden von König Richard I. bestraft. Die Massaker an den Juden während des Ausbruchs der Schwarzen Pest erfolgten gegen den ausdrücklichen Befehl des Papstes, des Kaisers, der Bischöfe und der deutschen Fürsten. In den freien Reichsstädten, wie etwa in Straßburg, gingen ihnen in der Regel lokale Aufstände voraus, in denen der oligarchische Stadtrat, der die Juden beschützte, aus dem Amt vertrieben und durch einen volksnäheren Rat ersetzt wurde. Das große Massaker an den Juden 1391 in Spanien fand unter einer schwachen Regentschaft und zu einer Zeit statt, in der das durch das Große Schisma zwischen zwei konkurrierenden Päpsten geschwächte Papsttum die Bettelmönche nicht mehr unter Kontrolle halten konnte.

Das vielleicht herausragendste Beispiel ist der große Massenmord an den Juden während des Chmjelnizki-Aufstandes in der Ukraine (1648), die als Meuterei von Kosaken-Offizieren begann, sich aber bald zu einer ausgreifenden Volksbewegung der unterdrückten Leibeigenen entwickelte. "Die Unterprivilegierten, die Untertanen, die Ukrainer, die (von der polnischen Katholischen Kirche verfolgten) Orthodoxen erhoben sich gegen ihre polnischen katholischen Herren, insbesondere gegen die Verwalter ihrer Herren, den Klerus und die Juden." Dieser typische Bauernaufstand gegen eine außerordentliche Unterdrückung, den nicht nur die von den Rebellen begangenen Massenmorde, sondern auch die abscheulichsten Grausamkeiten und der "Gegenterror" der Privatarmeen der polnischen Großgrundbesitzer begleiteten, hat sich bis zum heutigen Tag tief in das Bewußtsein der osteuropäischen Juden eingegraben, und zwar nicht als ein Bauernaufstand, eine Revolte der Unterdrückten und Unglücklichen der Erde und auch nicht als Rache gegen alle Büttel des polnischen Adels, sondern als ein Akt des willkürlichen Antisemitismus, der sich gegen die Juden als solche richtete. In der Tat erklärt die israelische Presse das Abstimmungsverhalten der ukrainischen Delegation in der UNO und der sowjetischen Politik gegenüber dem Nahen Osten im allgemeinen als "Erbe des Chmjelnizki" oder seiner Nachfolger.

Der moderne Antisemitismus

Der Charakter der antijüdischen Verfolgungen erfuhr eine radikale Änderung in der modernen Zeit. Mit der Entstehung des modernen Staates, der Abschaffung der Leibeigenschaft und der Erlangung minimaler Individualrechte schwand notwendigerweise die sozio-ökonomische Funktion der Juden, gleichzeitig aber auch die Macht der jüdischen Gemeinde über ihre Mitglieder. Die einzelnen Juden gewannen in immer größerer Zahl die Freiheit, sich in die allgemeine Gesellschaft ihrer Länder einzugliedern. Natürlich bewirkte dieser Übergang heftige Reaktionen sowohl seitens der Juden (und insbesondere ihrer Rabbiner) und den Elementen in der europäischen Gesellschaft, die eine offene Gemeinschaft ablehnen und für die der Prozeß der Befreiung des Individuums ein Fluch bedeutete. Der moderne Antisemitismus erscheint zunächst in Frankreich und Deutschland und dann in Rußland kurz nach 1870. Im Gegensatz zu der unter jüdischen Sozialisten vorherrschenden Meinung glaube ich nicht, daß man seine Anfangsgründe und die nachfolgende Entwicklung bis zum heutigen Tag dem "Kapitalismus" zuschreiben kann. Im Gegensatz dazu meine ich, daß die erfolgreichen Kapitalisten in allen Ländern bemerkenswerterweise im ganzen keinen Antisemitismus hegten, und in den Ländern, in denen sich der Kapitalismus zuerst und in seiner ausgeprägtesten Form wie in England und in Belgien etablierte, war der Antisemitismus weit weniger verbreitet als anderswo.

Der frühe moderne Antisemitismus (1880 bis 1900) war eine Reaktion von irregeführten Leuten, die die moderne Gesellschaft mit ihren guten als auch schlechten Seiten tief haßten und glühend an die Verschwörungstheorie der Geschichte glaubten. Man drängte die Juden in die Rolle eines Sündenbockes für das Auseinanderfallen der alten Gesellschaft (von der antisemitische Nostalgiker glaubten, sie sei geschlossener und geordneter gewesen, als sie es in Wirklichkeit war) und für alle Dinge, die als Störfaktor in der modernen Zeit empfunden wurden. Doch schon am Beginn standen die Antisemiten vor einem für sie schwierigen Problem:

Wie beschreibt man diesen Sündenbock allgemein? Welchen gemeinsamen Nenner sollen der jüdische Musiker, Bankier, Handwerker und Bettler haben, insbesondere nach zumindest intern weitgehender Auflösung der religiösen Merkmale? Diese Frage beantwortete der moderne Antisemit mit seiner "Theorie" der jüdischen Rasse. Im Gegensatz dazu waren die alte christliche und noch mehr die moslemische Opposition gegen den klassischen Judaismus bemerkenswert frei von Rassismus. Bis zu einem gewissen Ausmaß war dies zweifellos eine Folge des universellen Charakters des Christentums und des Islams sowie ihrer ursprünglichen Verbindungen zum Judaismus (der heilige Thomas Morus erteilte einer Frau wiederholt einen scharfen Verweis, die Einwände erhob, als man ihr sagte, daß die Jungfrau Maria jüdisch sei). Ein weitaus bedeutenderer Grund ist in meiner Sicht die soziale Rolle der Juden, die sie als integraler Bestandteil der oberen Klassen spielten. In vielen Ländern behandelte man die Juden als potentielle Adlige und ließ nach einem Glaubensübertritt eine Heirat mit dem höchsten Adel sofort zu. Der Adel in Kastilien oder in Aragon des 15. Jahrhunderts oder die Aristokratie in Polen des 18. Jahrhunderts, um nur zwei Fälle herauszunehmen, in denen die Heirat mit konvertierten Juden weit verbreitet war, würde wahrscheinlich kaum spanische Bauern oder polnische Leibeigene geheiratet haben, gleichgültig, wie hoch das Evangelium die Armen preist.

Gerade der moderne Mythos der jüdischen "Rasse" - der versteckte, aber angeblich dominierende Charakterzüge "der Juden" unabhängig von der Geschichte, der sozialen Rolle oder etwas anderem unterstellt ist das formelle und bedeutendste

Unterscheidungsmerkmal des modernen Antisemitismus. Dies erkannten schon einige Kirchenführer, als der moderne Antisemitismus als eine schon etwas stärkere Bewegung auftrat. Einige französische katholische Führer traten z.b. der neuen rassistischen Doktrin entgegen, die Edouard Drumont, der erste populäre moderne französische Antisemit und Autor des berüchtigten und weitverbreiteten Buches *La France juive* (1886), vertrat. Frühe moderne deutsche Antisemiten fanden ähnlichen Widerstand.

Es bleibt darauf hinzuweisen, daß einige wichtige Gruppen europäischer Konservativer sich bereitwillig des modernen Antisemitismus bedienten und ihn für eigene Zwecke benutzten. Desgleichen benutzten die Antisemiten die Konservativen bereitwillig bei jeder sich bietenden Gelegenheit, auch wenn beide Seiten sich im Grunde kaum ähnelten. "Die am härtesten [von der Feder des o.e. Drumont] betroffenen Opfer waren nicht die Rothschilds, sondern der Hochadel, der sie hofierte. Drumont sparte die königliche Familie ... oder die Bischöfe und schließlich den Papst nicht aus." Trotzdem griffen viele Teile des französischen Hochadels, der Bischöfe und der Konservativen in der Regel freudig auf Drumont und den Antisemitismus während der Dreyfus-Affäre zurück, um zu versuchen, das republikanische Regime zu Fall zu bringen.

Diese Art einer opportunistischen Allianz erschien häufiger in verschiedenen europäischen Ländern bis zur Niederlage des Nationalsozialismus. Der Haß der Konservativen auf den Radikalismus und insbesondere auf alle Formen des Sozialismus machte sie blind gegen die Natur ihrer politischen Bettgenossen. In vielen Fällen waren sie buchstäblich bereit, sich mit dem Teufel zu verbünden, und vergaßen das alte Sprichwort, daß man einen sehr langen Löffel braucht, um mit ihm zu speisen.

Der Erfolg des modernen Antisemitismus und der Allianz mit dem Konservatismus hing von mehreren Faktoren ab. Zunächst einmal ließ sich die ältere Tradition der christlichen Gegnerschaft gegen die Juden, die in vielen (wenn auch nicht in allen) europäischen Ländern existierte, vor den antisemitischen Karren spannen, wenn der Klerus sie unterstützte oder zumindest nichts gegen sie einzuwenden hatte. Wie der Klerus in den einzelnen Ländern reagierte, hing weitestgehend von den örtlichen historischen und sozialen Umständen ab. In der Katholischen Kirche gab es in Frankreich (aber nicht in Italien), in Polen und in der Slowakei (aber nicht in Böhmen) eine starke Tendenz zu einer opportunistischen Allianz mit dem Antisemitismus. Die griechischorthodoxe Kirche zeigte einen berüchtigten Hang zum Antisemitismus in Rumänien, nahm aber in Bulgarien die entgegengesetzte Haltung ein. Unter den protestantischen Kirchen war die deutsche in dieser Frage tief gespalten. Andere, wie die lettische und estnische Kirche, neigten mehr oder weniger zum Antisemitismus, während viele (z.b. die holländischen, schweizerischen oder skandinavischen Kirchen) zu den ersten zählten, die den Antisemitismus verurteilten.

Zum zweiten war der Antisemitismus ein typischer Ausdruck der Fremdenfeindlichkeit, des Wunsches nach einer "reinen" homogenen Gesellschaft. In vielen europäischen Ländern um das Jahr 1900 (und auch bis vor kurzem) war der Jude nahezu der einzige "Fremde". Dies gilt besonders für Deutschland. Die deutschen Rassisten am Beginn des 20. Jahrhunderts haßten und verachteten Schwarze genauso wie Juden, obwohl es damals keine Schwarzen in Deutschland gab. Haß konzentriert sich natürlich leichter auf den Anals den Abwesenden, und zwar besonders zu einer Zeit, als Reisen und Massentourismus noch nicht existierten und die meisten Europäer ihr eigenes Land in Friedenszeiten nie verließen. Zum dritten war der Erfolg der zaghaften Allianz zwischen dem Konservatismus und dem Antisemitismus umgekehrt proportional zu Macht und Fähigkeiten seiner Gegner. Und die konsistenten und erfolgreichen Opponenten des Antisemitismus in Europa sind die politischen Kräfte des Liberalismus und Sozialismus, historisch gesehen dieselben Kräfte, die auf verschiedene Art und Weise die durch den holländischen Unabhängigkeitskrieg (1568 bis 1648), die Englische Revolution und die Große Französiche Revolution symbolisierte Tradition fortführen. Auf dem europäischen Kontinent ist das wichtigste Erkennungsmerkmal die Haltung zur der Großen Französischen Revolution. Grob gesagt: Diejenigen, die dafür sind, sind auch gegen den Antisemitismus, diejenigen, die sie mit Bedauern akzeptieren, sind am wenigsten anfällig für eine Allianz mit den Antisemiten, und solche, die sie hassen und ihre Auswirkungen rückgängig machen wollen, bilden das Milieu, aus dem der Antisemitismus stammt.

Trotzdem muß man zwischen den Konservativen und sogar Reaktionären auf der einen Seite und den tatsächlichen Rassisten und Antisemiten auf der anderen Seite scharf unterscheiden. Der moderne Rassismus (von dem der Antisemitismus nur ein Teil ist) wird von bestimmten sozialen Bedingungen zwar verursacht, erhält aber bei wachsender Stärke einen Schwung, den man aus meiner Sicht nur mit dem Wort "dämonisch" umschreiben kann. Einmal an die Macht gelangt, ist er aber m.E. auch während seiner Herrschaftszeit einer Analyse durch eine heutige Sozialtheorie oder eine Reihe reiner sozialer Beobachtungen nicht zugänglich. Dies gilt besonders für Theorien, die andere als rein "psychologische" (Klassen- oder Staats-) Interessen einer Gesamtheit berühren, die beim gegenwärtigen Stand menschlichen Wissens definiert werden können. Damit glaube ich aber nicht, daß solche Kräfte prinzipiell nicht erkennbar seien. Ganz im Gegenteil muß man hoffen, daß man auch sie bei zunehmendem menschlichen Wissen erkennen wird. Derzeit sind sie aber weder zu verstehen noch rational vorauszusagen. Und dies gilt für jeden Rassismus in allen Gesellschaften. Es ist eine Tatsache, daß keine politische Persönlichkeit oder Gruppe in einem Lande auch nur andeutungsweise das Grauen des Nationalsozialismus vorausgesagt hat.

Nur Künstler und Dichter wie Heine besaßen die Fähigkeit, einen flüchtigen Blick auf das zu werfen, was die Zukunft auf Lager hat. Wir wissen nicht, wie sie es fertigbrachten. Außerdem lagen sie mit vielen anderen ihrer Ahnungen falsch.

Die zionistische Reaktion

Historisch gesehen ist der Zionismus sowohl eine Reaktion auf den Antisemitismus als auch auf die konservative Allianz mit ihm, obgleich die Zionisten wie die anderen europäischen Konservativen sich nicht vollständig klar wurden, mit wem sie sich einließen.

Bis zum Aufstieg des modernen Antisemitismus nahmen die europäischen Juden eine äußerst optimistische Haltung ein. Dies zeigte sich nicht nur in der großen Zahl an Juden, die sich, besonders in den westlichen Ländern, in der ersten oder zweiten Generation einfach und offenbar ohne großes Bedauern gegen den klassischen Judaismus entschieden, sondern auch an der Bildung der jüdische Aufklärung (Haskala), einer bedeutenden kulturellen Bewegung, die in Deutschland und Österreich um 1780 entstand, sich nach Osteuropa ausbreitete und sich bis um 1860 als beträchtliche soziale Kraft bemerkbar machte. Ich kann hier nicht die kulturellen Leistungen der Bewegung wie etwa die Wiederbelebung der hebräischen Literatur und die Schaffung einer wunderbaren jiddischen Literatur behandeln. Wichtig bleibt jedoch, daß sich diese Bewegung trotz vieler innerer Differenzen durch zwei Bekenntnisse auszeicheten: Erstens durch den Überzeugung, daß die jüdische Gesellschaft und insbesondere die soziale Rolle der jüdischen Religion in ihrer klassischen Form einer fundamentalen Kritik bedürfe, und zweitens durch die nahezu schon messianische Hoffnung auf den Sieg der Kräfte des Guten in den europäischen Gesellschaften. Diese Kräfte waren naturgemäß durch ein einziges Kriterium, die Unterstützung der jüdischen Emanzipation, definiert.

Der wachsende Antisemitismus als Volksbewegung und die viele Bündnisse der konservativen Kräfte mit ihr bedeuteten einen schweren Schlag für die jüdische Aufklärung. Dieser Schlag wirkte sich besonders verheerend aus, weil der Antisemitismus gerade in der Zeit zunahm, als sich die Juden in einigen europäischen Ländern emanzipierten, noch bevor sie in anderen Ländern befreit wurden. Die Juden des österreichischen Kaiserreiches erlangten die volle Gleichberechtigung erst im Jahre 1867. In Deutschland emanzipierten einige unabhängige Staaten die Juden schon früher, andere aber nicht. Besonders

Preußen sträubte sich in dieser Angelegenheit. Eine vollständige Gleichberechtigung der Juden im ganzen Deutschen Reich gewährte erst Bismarck im Jahre 1871. Im Osmanischen Reich unterlagen die Juden einer offiziellen Diskriminierung bis 1909 und in Rußland (sowie Rumänien) bis 1917. Somit entstand der moderne Antisemitismus innerhalb des Jahrzehnts der jüdischen Emanzipierung in Mitteleuropa und lange vor der Emanzipation der größten jüdischen Gemeinde jener Zeit, nämlich der des zaristischen Reiches.

Deshalb fällt es den Zionisten leicht, die Hälfte der relevanten Tatsachen zu ignorieren, zur Rassentrennung des klassischen Judaismus zurückzukehren und zu behaupten, daß wegen des Hasses der Nichtjuden und der Verfolgung aller Juden die einzige Lösung darin bestehe, alle Juden umzusiedeln und sie in Palästina oder Uganda oder sonstwo zu konzentrieren. Einige frühe jüdische Kritiker des Zionismus wiesen schnell darauf hin, wenn man eine dauernde und ahistorische Unverträglichkeit zwischen Juden und Nichtjuden unterstelle (eine Annahme, die sowohl Zionisten und Antisemiten teilen!), dann würde die Konzentration der Juden an einem Ort einfach den Haß der Nichtjuden in diesem Teil der Welt hervorrufen (was tatsächlich auch geschah, wenn auch aus anderen Gründen). Soweit ich weiß, hinterließ dieses logische Argument keinen Eindruck, wie eben sämtliche logischen und auf Tatsachen beruhenden Einwände gegen den Mythos der jüdischen Rasse für Antisemiten völlig bedeutungslos sind.

In der Tat gab es schon immer enge Beziehungen zwischen Zionisten und Antisemiten. Wie einige der europäischen Konservativen, so dachten auch die Zionisten, sie könnten den "dämonischen" Charakter des Antisemitismus ignorieren und sich der Antisemiten für eigene Zwecke bedienen. Viele Beispiele solcher Allianzen sind gut bekannt. Herzl verbündete sich mit dem berüchtigten Grafen Plewe, dem antisemitischen Minister von Zar Nikolaus II. Jabotinsky schloß einen Pakt mit Petljura, dem reaktionären ukrainischen Führer, dessen Truppen etwa 100 000 Juden in den Jahren 1918 bis 1920 massakrierten. Zu Ben Gurions Verbündeten aus der französischen extremen

Rechten während des Algerienkrieges gehörten einige bekannte Antisemiten, die jedoch vorsichtigerweise erklärten, daß sie lediglich etwas gegen die Juden in Frankreich und nicht in Israel hätten.

Das vielleicht erschreckendste Beispiel hierfür ist die Freude, mit der einige zionistische Führer Hitlers Machtantritt begrüßten, da sie seinen Glauben an den Primat der "Rasse" und seine Feindschaft gegen die Judenintegration teilten. Sie gratulierten Hitler zu seinem Triumph über den gemeinsamen Feind, nämlich die Kräfte des Liberalismus. Dr. Joachim Prinz, ein zionistischer Rabbiner, der später in die USA emigrierte, wo er Vizepräsident des Jüdischen Weltkongresses und eine führende Kraft in der Zionistischen Weltorganisation (sowie zu einem guten Freund von Golda Meir) wurde, veröffentlichte 1934 ein Buch mit dem Titel Wir Juden, in dem er Hitlers sogenannte Deutsche Revolution und die Niederlage des Liberalismus feiert: Was die deutsche Revolution für die deutsche Nation bedeutet, wird letztlich nur demjenigen offenbar, der sie selbst getragen und gestaltet hat. Was sie für uns bedeutet, muß hier gesagt werden: Die Chance des Liberalismus ist verspielt. Die einzige politische Lebensform, die die Assimilation des Judentums zu fördern gewillt war, ist untergegangen.

Nach dem Sieg des Nationalsozialismus waren Assimilierung und Mischehe als Option für die Juden nicht mehr möglich. "Wir sind darüber nicht unglücklich", so Dr. Prinz. In dem Umstand, daß Juden gezwungen waren, sich als Juden zu identifizieren, sieht er "die Erfüllung unserer Wünsche". Und weiter: Wir wünschen an die Stelle der Assimilation das Neue gesetzt: das Bekenntnis zur jüdischen Nation und zur jüdischen Rasse. Ein Staat, der aufgebaut ist auf dem Prinzip der Reinheit von Nation und Rasse, kann nur vor dem Juden Achtung und Respekt haben, der sich zur eigenen Art bekennt. Nirgendwo kann er in diesem Bekenntnis mangelnde Loyalität dem Staate gegenüber erblicken. Er kann keine anderen Juden wollen, als die Juden des klaren Bekenntnisses zum eigenen Volk. Er kann keine liebedienerischen, kriecherischen Juden wollen. Er muß von uns das Bekenntnis zur eigenen Art fordern. Denn nur jemand, der eigene Art und eigenes Blut achtet, wird den Respekt vor dem nationalen Wollen anderer Nationen haben können.

Das ganze Buch wimmelt von ähnlich groben Anbiederungen an die Ideologie des Nationalsozialismus, von Schadenfreude über die Niederlage des Liberalismus und insbesondere die Ideen der französischen Revolution und der großen Hoffnung, daß in der kongenialen Atmosphäre des Mythos der arischen Rasse ebenso der Zionismus und der Mythos der jüdischen Rasse gedeihen werden.

Wie viele andere frühe Sympathisanten und Verbündeten des Nationalsozialismus ahnte Dr. Prinz nicht, wohin die Bewegung (und der moderne Antisemitismus im allgemeinen) führte. Desgleichen machen sich heute viele Menschen nicht klar, welchen Weg der Zionismus - die Bewegung, in der Dr. Prinz ein angesehenes Mitglied war - geht: Man kehrt zum alten Haß des klassischen Judentums gegenüber den Nichtjuden und zu ihrer Diskriminierung zurück und mißbraucht geschichtsklitternd die historischen Judenverfolgungen zur Rechtfertigung der zionistischen Verfolgung der Palästenser.

So unsinnig es auch klingen mag, bei näherer Untersuchung der wahren Motive der Zionisten zeigt sich klar eine der tiefsten ideologischen Quellen für die dauernde Feindschaft des zionistischen Establishments gegenüber den Palästinensern. Viele osteuropäische Juden setzen sie nämlich mit den aufständischen osteuropäischen Bauern gleich, die am Chmjelnizki-Aufstand und an ähnlichem Aufbegehren teilnahmen, wobei wiederum letztere in eine ahistorische Verbindung mit modernem Antisemitismus und Nationalsozialismus gebracht werden.

Konfrontation mit der Vergangenheit

Alle Juden, die sich wirklich aus der Tyrannei der totalitären jüdischen Vergangenheit lösen wollen, müssen sich die Frage nach ihrer Haltung gegenüber den gängigen antijüdischen Manifestationen der Vergangenheit und insbesondere nach denen im Zusammenhang mit den Aufständen der leibeigenen Bauern gefallen lassen. Auf der anderen Seite nehmen alle Apologeten der jüdischen Religion sowie der jüdischen Rassentrennung und des Chauvinismus letztendlich in allen Debatten eine feste Haltung in dieser Angelegenheit ein. Die unstrittige Tatsache, daß die bäuerlichen Revolutionäre schreckliche Untaten gegen die Juden (sowie gegen ihre anderen Unterdrücker) begingen, benutzen diese Apologeten ebenso als "Argument" wie den palästinensischen Terror, um die Ablehnung einer gerechten Behandlung der Palästinenser zu begründen. Unsere Antwort muß allumfassend sein und prinzipiell für alle vergleichbaren Fälle gelten. Und einem Juden, der sich wirklich von jüdischem Partikularismus und Rassismus und von den unveräußerlichen Bestandteilen der jüdischen Religion trennen will, fällt solch eine Antwort nicht allzu schwer. Aufstände unterdrückter Bauern gegen ihre Herren und die Verwalter ihrer Herren treten in der menschlichen Geschichte häufig auf. Eine Generation nach der Erhebung der ukrainischen Bauern unter Chmjelnizki rebellierten die russischen Bauern unter Stjepan Rasin und 100 Jahre später erneut unter Pugatschow. In Deutschland gab es den Bauernkrieg von 1525, in Frankreich die Jacquerie 1357/58, dazu viele andere Volkserhebungen, nicht zu erwähnen die Sklavenaufstände in allen Teilen der Welt. Viele von ihnen wurden von schrecklichen Massakern begleitet, wie auch die Große Französische Revolution nicht von entsetzlichem Terror zu trennen ist. Dabei habe ich absichtlich Beispiele gewählt, in denen die Juden nicht die Opfer waren.

Welche Stellung beziehen nun echte progressive und bislang die meisten normalen und gutausgebildeten Menschen, seien es Russen, Deutsche oder Franzosen, hinsichtlich dieser Aufstände? Verurteilen seriöse englische Historiker die (von ihnen nur selten erwähnten) Massaker an Engländern durch rebellische irische Bauern, die sich ihrer Versklavung widersetzten, als "antienglischen Rassismus"? Welche Haltung nimmt ein progressiver französische Historiker gegenüber dem großen Sklavenaufstand in Santo Domingo ein, bei dem viele französische Frauen und Kinder abgeschlachtet wurden? Die Frage zu stellen, heißt, sie zu beantworten.

Stellt man jedoch eine ähnliche Frage vielen "progressiven" oder sogar "sozialistischen" Kreisen, erhält man eine andere Antwort. Hier gerät ein versklavter Bauer zu einem rassistischen Monster, falls die Juden von seiner Versklavung und Ausbeutung profitieren.

Die Maxime, daß sich bei denjenigen, die aus der Geschichte nicht lernen, diese wiederholt, gilt auch für die Juden, die sich weigern, sich mit der jüdischen Vergangenheit auseinanderzusetzen. Sie sind zu ihren Sklaven geworden und wiederholen alle Fehler in der zionistischen und israelischen Politik. Gegenüber den unterdrückten Bauern vieler Länder, und zwar nicht nur im Nahen Osten, sondern auch weit darüber hinaus, spielt der Staat Israel eine ähnliche Rolle wie die Juden in Polen vor 1795, nämlich die eines Verwalters des imperialistischen Unterdrückers. Es ist bezeichnend und lehrreich, daß die hauptsächlich durch Israel erfolgte Bewaffnung der Truppen des Somoza-Regimes in Nicaragua und anderer Regimes in Guatemala, El Salvador, Chile und anderswo keine breite öffentliche Debatte in Israel oder unter den organisierten jüdischen Gemeinden in der Diaspora auslöste. Sogar die enger gezogene Frage der Zweckdienlichkeit, ob nämlich der Verkauf von Waffen an diktatorische Schlächter von Freiheitskämpfern und Bauern im langfristigen Interesse Israels liegt, wird selten gestellt. Von noch größerer Bedeutung sind jedoch die in dieses Geschäft verwickelten religiösen Juden und das totale Schweigen ihrer Rabbiner (die allerdings zur Anstachelung von Haß gegen die Araber laut ihre Stimme erheben). Es scheint, daß Israel und der Zionismus in die Rolle des klassischen Judaismus zurückgefallen sind, und zwar weltweit und unter gefährlicheren Umständen.

Die einzig mögliche Lösung dieser Problems liegt (vor allen Dingen für die Juden) in den Antworten, die alle echten Anwälte der Freiheit und Humanität aller Länder und aller Völker und die großen Philosophen gegeben haben, auch wenn sie manchmal aufgrund der menschlichen Natur unzulänglich sind. Wir müssen uns der jüdischen Vergangenheit stellen und den Entartungen entgegentreten, deren Ursachen in der Verfälschung dieser Vergangenheit und in ihrer Verehrung zu suchen sind. Die Voraussetzungen hierzu sind erstens eine absolute Ehrlichkeit hinsichtlich der Fakten und zweitens der Glaube (der nach Möglichkeit immer im Handeln münden muß) an universelle humane Prinzipien der Ethik und der Politik.

Der von Voltaire so bewunderte chinesische Weise Meng-dse (4. Jahrhundert vor Christus) schrieb einmal: Darum sage ich, daß alle Menschen Mitgefühl besitzen. Hier ist ein Mann, der plötzlich bemerkt, daß ein Kind im Begriff, ist in einen Brunnen zu fallen. Immer wird er dabei ein Gefühl der Bestürzung und des Mitleids haben, und zwar nicht zu dem Zwecke, die Gunst der Eltern des Kindes zu gewinnen oder den Applaus der Nachbarn und Freunde zu erheischen oder aus Angst vor Beschuldigungen, falls er es nicht rettet. Wir sehen also, daß kein Mensch ohne Mitleid oder Scham oder Höflichkeit oder ein Gefühl für richtig und falsch ist. Das Mitgefühl ist der Ursprung der Humanität, das Schamgefühl der Ursprung der Aufrichtigkeit, die Höflichkeit der Ursprung des Anstands und das Gefühl für Recht und Unrecht der Ursprung der Weisheit. Jeder Mensch hat in sich diese vier Ursprünge genauso, wie er vier Glieder hat. Da jedermann diese vier Ursprünge in sich hat, zerstört sich der Mensch selbst, der von sich glaubt, er sei nicht in der Lage, diese zu üben.

Wir haben oben gesehen und werden es im nächsten Kapitel noch ausführlicher erfahren, wie weit entfernt davon die Gebote sind, mit denen die jüdische Religion in ihrer klassischen und talmudischen Form den Geist und das Herz vergiften. Der Weg zu einer echten Revolution des Judaismus besteht daher in einer unerbittlichen Kritik an der jüdischen Religion. Sie macht ihn menschlicher, hilft den Juden, ihre eigene Vergangenheit zu verstehen, und ist eine Selbstbefreiung aus ihrer Tyrannei. Sprechen wir uns unparteiisch gegen das aus, was zu unserer Vergangenheit gehört, genau so, wie Voltaire es gegen die seinige tat: Écrasez l'infâme!

E) Gesetze gegen Nichtjuden

Wie schon im Kapitel III ("III Orthodoxie und Interpretation") erläutert, ist der babylonische Talmud die wichtigste Grundlage der Halacha, das Rechtssystem des klassischen Judaismus, wie es von nahezu allen Juden seit dem 9. Jahrhundert bis zum Ende des 18. Jahrhunderts praktiziert wurde und bis heute in der Form des orthodoxen Judentums weiterbesteht. Wegen der schwerfälligen Komplexität der rechtlichen im Talmud aufgezeichneten Dispute wurden handlichere Kodifizierungen des talmudischen Gesetzes erforderlich und in der Tat von den nachfolgenden Generationen rabbinischer Gelehrter ausgearbeitet.

Einige von diesen haben große Autorität erlangt und finden allgemeine Anwendung. Aus diesen Gründen wollen wir uns hauptsächlich auf diese Sammlungen (und auf die anerkannten Kommentare) und weniger direkt auf den Talmud beziehen. Dabei ist die Annahme richtig, daß die angeführte Sammlung genau die Bedeutung des talmudischen Textes und die Zusätze wiedergibt, die spätere Gelehrte aufgrund dieser Bedeutung hinzufügten.

Der früheste und noch heute sehr wichtige Kodex des talmudischen Gesetzes ist die von Moses Maimonides im späten 12. Jahrhundert geschriebene Mischne Tora. Der bis in unsere Zeit als Handbuch verwendete Kodex mit der höchsten Autorität ist der Schulchan Aruch, herausgegeben im späten 16. Jahrhundert von R. Josef Karo als volkstümliche Kurzfassung seines voluminöseren Werkes Bet Jossef, das für die Experten unter den Gelehrten vorgesehen war. Der Schulchan Aruch ist häufig kommentiert worden. Neben den klassischen Kommentaren aus dem 17. Jahrhundert gibt es einen wichtigen Kommentar des 20. Jahrhunderts, nämlich die Mischna Berura.

Schließlich ist die Talmudische Enzyklopädie, ein modernes in Israel in den fünfziger Jahren erschienenes und von den größten orthodoxen rabbinischen Gelehrten des Landes herausgegebenes Sammelwerk, ein gutes Kompendium der gesamten talmudischen Literatur.

Mord und Völkermord

Nach der jüdischen Religion ist der Mord an einem Juden ein Kapitalverbrechen und eine der drei schwersten Sünden (die beiden anderen sind Götzenanbetung und Unkeuschheit). Jüdische religiöse Gerichte und weltliche Autoritäten müssen jeden, der sich des Mordes an einem Juden schuldig gemacht hat, bestrafen, auch über die Grenzen der normalen Rechtsprechung hinaus. Ein Jude, der den Tod eines anderen Juden indirekt verursacht, verstößt jedoch nur gegen das, was das talmudische Gesetz eine Sünde gegen die "Gesetze des Himmels" nennt, und ist von Gott und nicht von den Menschen zu bestrafen.

Die Sache sieht ganz anders aus, wenn es sich bei dem Opfer um einen Nichtjuden handelt. Ein Jude, der einen Nichtjuden ermordet, begeht nur eine Sünde gegen die Gesetze des Himmels und kann deshalb nicht von einem Gericht bestraft werden. Verursacht er indirekt den Tod eines Nichtjuden, so hat er überhaupt keine Sünde begangen.

Daher meint einer der drei bedeutendsten Kommentatoren des Schulchan Aruch, daß man gegen einen Nichtjuden "nicht den Arm heben darf, um ihm ein Leid zuzufügen. Man darf ihm jedoch indirekt Schaden zufügen, indem man z.B. eine Leiter wegnimmt, nachdem er in einen Felsspalt gefallen ist ... hier gibt es kein Verbot, da es nicht direkt geschah". Er weist jedoch darauf hin, daß eine Handlung, die direkt zum Tod eines Nichtjuden führt, immer dann verboten ist, wenn sie Feindschaft gegenüber Juden schürt.

Ein nichtjüdischer Mörder, der zufällig unter die jüdische Rechtsprechung fällt, ist immer hinzurichten, gleichgültig, ob das Opfer Jude war oder nicht. Handelte es sich jedoch beim

Opfer um einen Nichtjuden und tritt der Mörder zum Judaismus über, so erfolgt keine Bestrafung. All dies hat einen direkten und praktischen Bezug zu den Realitäten im Staate Israel. Die Strafgesetze des Staates unterscheiden nicht zwischen Juden und Nichtjuden, wohl aber bestimmte orthodoxe Rabbiner, die ihre Gläubigen nach der Halacha führen. Von besonderer Bedeutung ist der Beistand, den sie ihren religiösen Soldaten gewähren.

Da aber das wenig strikte Verbot der Ermordung von Nichtjuden nur für "Nichtjuden, mit denen wir [die Juden] keinen Krieg führen" gilt, zogen verschiedene rabbinische Kommentatoren früher den logischen Schluß, daß im Krieg alle Nichtjuden, die zu einer feindlichen Bevölkerung gehören, getötet werden können oder sogar müssen. Seit 1973 wird diese Lehrmeinung bei der Unterweisung religiöser israelischer Soldaten öffentlich propagiert. Eine erste solche offizielle Aufforderung enthielt ein Büchlein, das die Zentrale Regionale Kommandatur der israelischen Armee veröffentlichen, zu deren Gebiet das besetzte Westjordanland gehört. In diesem Büchlein schreibt der Heeres-Oberrabbiner: Wenn unsere Streitkräfte während eines Krieges oder bei einer Verfolgung oder bei einem Angriff Zivilisten antreffen und es nicht sicher ist, ob diese unsere Streitkräfte schädigen können, so können und müssen sie gemäß der Halacha getötet werden... Unter keinen Umständen ist einem Araber zu trauen, auch wenn er den Eindruck eines zivilisierten Menschen erweckt... wenn unsere Streitkräfte im Krieg gegen den Feind vorgehen, dürfen sie nicht nur, sondern müssen sogar nach der Halacha auch harmlose Zivilisten töten, d.h. auch Zivilisten, deren Harmlosigkeit von vornherein feststeht.

Dieselbe Lehrmeinung vertritt ein Rabbiner gegenüber einem jungen israelischen Soldaten in einem Briefwechsel, der im Jahrbuch einer der renommiertesten religiösen Hochschulen des Landes, Midraschijat Noam, veröffentlicht wurde, in der viele Führer und Aktivisten der nationalen religiösen Partei und des Gusch Emunim ausgebildet wurden.

Brief des Soldaten Mosche an den Rabbi Schimon Weiser

Mit Gottes Hilfe, an Euer Gnaden, mein geehrter Rabbi, zunächst einmal möchte ich fragen, wie es Ihnen und Ihrer Familie geht. Ich hoffe gut. Auch mir geht es dank Gottes Hilfe gut. Ich habe schon eine lange Zeit nicht geschrieben. Vergeben Sie mir deshalb.

Manchmal erinnere ich mich des Verses "Wann soll ich kommen und vor Gott erscheinen?" Ich hoffe, bin aber nicht sicher, daß ich an einem meiner Urlaubstage kommen kann. Ich muß. Bei einer Diskussion in unserer Gruppe ging es um die "Unbeflecktheit der Waffen". Wir diskutierten, ob es erlaubt sei, unbewaffnete Menschen oder Frauen und Kinder zu töten. Oder ob wir Rache an den Arabern nehmen sollten? Als dann jeder nach seinem Verständnis der Dinge antwortete, konnte ich keine klare Entscheidung fällen, ob die Araber wie die Amalekiter zu behandeln seien, d.h. ob es erlaubt sei, sie zu ermorden [sic!], bis es an sie unter dem Himmel keine Erinnerung mehr gibt, oder ob man vielleicht so wie in einem gerechten Krieg verfahren soll, in dem nur die Soldaten getötet werden?

Ein zweites Problem, das ich habe, besteht darin, ob ich mich selbst in Gefahr bringen darf, indem ich eine Frau am Leben lasse? Es hat nämlich Fälle gegeben, in denen Frauen Handgranaten warfen. Oder darf ich Wasser einem Araber geben, der seine Hände erhebt, wenn es guten Grund für die Furcht gibt, daß er mich nur täuschen und umbringen will? Solche Dinge sind geschehen.

Ich schließe mit einem herzlichen Gruß an den Rabbi und seine gesamte Familie.- Mosche.

Antwort von R. Schimon Weiser an Mosche

Mit der Hilfe des Himmels. Lieber Mosche, viele Grüße.

Ich begann diesen Brief heute abend, obwohl ich weiß, daß ich ihn heute abend nicht beenden kann, da ich sehr beschäftigt bin und ich gerne einen längeren Brief schreiben würde, um Deine Fragen ausführlich zu beantworten. Aus diesem Grunde muß ich abschreiben und auslegen einige Worte unserer Weisen seligen Angedenkens.

Die nichtjüdischen Nationen verfahren nach der Regel, daß Krieg seine eigenen Regeln hat, ähnlich wie Fußball oder ein Basketballspiel. Nach den Worten unserer Weisen seligen Angedenkens [...] ist für uns Krieg kein Spiel, sondern eine Lebensnotwendigkeit. Wir dürfen nur nach diesem Maßstab entscheiden, wie wir den Krieg zu führen haben.

Einerseits [...] lernen wir anscheinend, daß, wenn ein Jude einen Nichtjuden ermordet, er als Mörder zu betrachten ist und - abgesehen davon, daß kein Gericht das Recht zu einer Bestrafung hat - wiegt die Tat genauso schwer wie jeder andere Mord. Bei denselben Autoritäten [...] lesen wir aber auch, daß Rabbi Schimon zu sagen pflegte: "Der Beste der Nichtjuden - töte ihn; die Beste der Schlangen – zertritt ihr den Kopf."

Man könnte vielleicht einwenden, daß der Ausdruck "töten" in den Worten von R. Schimon nur bildlich gemeint ist und nicht wörtlich, sondern in der Bedeutung "unterdrücken" oder ähnlich verstanden werden kann. Somit vermeiden wir einen Widerspruch mit den früher zitierten Autoritäten. Man könnte auch meinen, daß diese Worte, obwohl sie wörtlich gemeint sind, [nur] seine eigene persönliche Meinung wiedergeben, die von anderen [früher zitierten] Weisen bestritten wurden. Ihre richtige Erläuterung finden wir jedoch in den Tossafot.

Hier [...] lesen wir folgenden Kommentar zu der talmudischen Aussage, daß man Nichtjuden, die in einen Brunnen fallen, nicht heraushelfen soll, aber auch nicht reinstoßen darf, um sie zu töten. Das bedeutet, daß man sie weder vor Todesgefahr schützen noch direkt töten darf. In den Tossafot steht folgendes: "Und wenn man es in Frage stellt, [da] an anderer Stelle gesagt wurde der beste der Nichtjuden -

töte ihn, dann lautet die Antwort, daß dieses [Wort] auf Kriegszeiten gemünzt ist." [...] Nach den Kommentatoren der Tossafot muß man unterscheiden zwischen Krieg und Frieden. In Zeiten des Friedens darf man zwar keinen Nichtjuden töten, in Kriegszeiten ist es jedoch eine Mizwa [zwingend vorgeschriebene religiöse Pflicht], sie umzubringen. [...] Und dies ist der Unterschied zwischen einem Juden und einem Nichtjuden: Obgleich die Regel "Wer auch immer dich töten will, den töte zuerst" für einen Juden gilt, wie es geschrieben steht im Traktat Sanhedrin [des Talmuds] auf Seite 72a; es gilt für ihn jedoch nur, wenn er einen [echten] Grund zu der Furcht hat, daß man ihn töten will. Bei einem Nichtjuden im Krieg nimmt man dies in der Regel an, außer, wenn es klar auf der Hand liegt, daß er keine bösen Absichten hegt.

Dies ist die Vorschrift der "Unbeflecktheit der Waffen" nach der Halacha und nicht die allgemeine Auffassung, die jetzt in der israelischen Armee herrscht und der Grund für viele [jüdische] Opfer ist. Ich lege bei einen Ausschnitt aus einer Zeitung mit der letzte Woche in der Knesset vom Rabbi Kalman Kahana gehaltenen Rede, die sehr lebensnah und auch schmerzlich zeigt, wie diese Unbeflecktheit der Waffen Opfer gefordert hat. Ich schließe hier in der Hoffnung, daß Du den Brief wegen seiner Länge nicht langweilig findest. Dieses Thema wurde erörtert auch ohne Deinen Brief. Dein Brief hat mich aber veranlaßt, die ganze Angelegenheit aufzuschreiben.

Friede sei mit Dir und allen Juden, und [hoffentlich] sehe ich Dich bald, so wie Du es sagst. Grüße - Schimon.

Antwort von Mosche an R. Schimon Weiser

An Seine Gnaden, mein lieber Rabbi,

zunächst einmal hoffe ich, daß Sie und Ihre Familie bei Gesundheit sind und daß es Ihnen gut geht. Ich habe Ihren langen Brief erhalten und danke Ihnen für Ihre persönliche Fürsorge, denn ich nehme an, daß Sie an viele Menschen schreiben müssen und Sie die meiste Zeit für Ihre eigenen Studien brauchen.

Deshalb ist mein Dank von doppelter Herzlichkeit.

Was den Brief betrifft, so habe ich ihn wie folgt verstanden:

In Kriegszeiten habe ich nicht nur die Erlaubnis, sondern sogar die Pflicht, jeden arabischen Mann und jede arabische Frau, den oder die ich treffe, zu töten, wenn Grund zu der Annahme besteht, daß sie am Krieg gegen uns direkt oder indirekt beteiligt sind. Und was mich angeht, so habe ich sie getötet, auch wenn ich damit möglicherweise gegen das Kriegsrecht verstoßen habe. Ich meine, daß die Frage der Unbeflecktheit der Waffen bei den mit der Erziehung befaßten Institutionen, zumindest den religiösen, vorzubringen ist, damit sie Stellung zu diesem Thema beziehen und sich nicht auf dem großen Gebiet der "Logik" verlieren, und zwar besonders bei diesem Thema. Diese Vorschrift muß erläutert werden, damit man weiß, wie sie in der Praxis zu befolgen ist. Ich bedaure, sagen zu müssen, daß ich verschiedene Arten der "Logik" sogar hie und da bei meinen religiösen Kameraden festgestellt habe. Ich hoffe, daß Sie in dieser Angelegenheit aktiv werden, damit unsere Jungs eine klare und unzweideutige Vorstellung über die Haltung ihrer Vorfahren erhalten.

Ich schließe hier in der Hoffnung, daß, wenn der Schulungskurs in etwa einem Monat endet, ich in der Lage sein werde, die Jeschiwa [Talmudhochschule] zu besuchen. Grüße - Mosche.

Diese Doktrin der Halacha in Bezug auf Mord steht prinzipiell nicht nur im Gegensatz zu den Strafgesetzen in Israel, sondern auch, wie in den zitierten Briefen erwähnt, zu den offiziellen militärischen Vorschriften. Es kann jedoch nur wenig Zweifel darüber geben, daß in der Praxis diese Doktrin einen Einfluß auf die Justizverwaltung ausübt, besonders durch die Miltärbehörden. In allen Fällen, in denen Juden bei militärischen oder paramilitärischen Maßnahmen arabische Nichtkombattanten ermordeten (wie etwa im Falle des Massenmords in Kafr Kassim im Jahre 1956), erhielten die Mörder, wenn sie nicht völlig unbehelligt blieben, in der Tat nur extrem geringe Strafen oder weitreichende Straferlässe, was schon fast an Freispruch grenzte.

Rettung von Leben

Die höchste Bestimmung des menschlichen Lebens und die Pflicht eines jeden Menschen, sein Äußerstes zu tun, um das Leben eines Mitmenschen zu retten, ist natürlich ein Thema von größter Bedeutung. Es ist auch von besonderem Interesse im Zusammenhang mit jüdischen Angelegenheiten angesichts der Tatsache, daß die jüdische öffentliche Meinung - manchmal zu Recht, manchmal zu Unrecht - seit dem Zweiten Weltkrieg "die ganze Welt" oder zumindestens Europa beschuldigt hat, tatenlos zugesehen zu haben, wie die Juden ermordet wurden. Wir wollen deshalb einmal nachprüfen, was die Halacha dazu zu sagen hat.

Die Halacha erklärt es zur höchsten Pflicht, das Leben eines Mitjuden zu retten. Sie setzt dazu alle anderen religiösen Pflichten und Verbote außer Kraft, sofern sie nicht die drei schwersten Sünden Ehebruch (einschließlich Inzest), Mord und Götzenanbetung betreffen. In Bezug auf die Nichtjuden gilt das talmudische Grundprinzip, daß deren Leben nicht gerettet werden darf, obwohl es verboten ist, sie direkt zu töten. Im Talmud selbst lautet diese Maxime wie folgt: "Nichtjuden darf man weder [aus einem Brunnen] herausheben noch [in einen Brunnen] hineinstoßen." Maimonides sagt: Was die Nichtjuden betrifft, mit denen wir nicht im Krieg stehen, ... so darf ihr Tod nicht herbeigeführt werden. Es ist jedoch verboten, sie zu retten, wenn sie sich in Todesgefahr befinden. Wenn man z.B. sieht, daß einer von ihnen in einen See fällt, sollte er nicht gerettet werden, denn es steht geschrieben: Auch sollst du nicht das Blut deiner Mitmenschen vergießen, aber [ein Nichtjude] ist nicht dein Mitmensch. Insbesondere darf ein jüdischer Arzt keinen nichtjüdischen Patienten behandeln. Maimonides, selbst ein berühmter Arzt, drückt sich ziemlich klar aus: In einem weiteren Absatz wiederholt er die Unterscheidung zwischen "deinem Mitmenschen" und einem Nichtjuden und schließt: "Und daraus sollt ihr lernen, daß es verboten ist, einen Nichtjuden sogar gegen Bezahlung zu heilen..."

Die offensichtliche Weigerung eines Juden, insbesondere eines jüdischen Arztes, das Leben eines Nichtjuden zu retten, kann die Gegnerschaft mächtiger Nichtjuden herausfordern und so Juden in Gefahr bringen. Besteht eine solche Gefahr, so hat die Pflicht zu ihrer Vermeidung Vorrang vor dem Verbot, den Nichtjuden zu helfen. In diesem Sinne fährt Maimonides fort: "Aber wenn Du seine oder ihre Feindschaft fürchtest, so heile ihn oder sie gegen Bezahlung, weil es verboten ist, dies ohne Bezahlung zu tun." In der Tat war Maimonides selbst Saladins Leibarzt. Seine strikte Forderung nach Bezahlung, möglicherweise um sicherzustellen, daß dies nicht aus Mitleid, sondern als unvermeidbare Pflicht erfolgt, ist jedoch nicht absolut.

An einer anderen Stelle erlaubt er nämlich die Behandlung von Nichtjuden, wenn deren Feindschaft zu befürchten ist, "auch gratis, wenn dies sich nicht vermeiden läßt". Die ganze Doktrin, nämlich das Verbot der Lebensrettung eines Nichtjuden oder seiner Heilung sowie die Aufhebung dieses Verbots in den Fällen, in denen Feindschaft zu fürchten ist, findet sich (nahezu wörtlich) auch bei anderen bedeutenden Autoritäten wie dem Arba-ah Turim aus dem 14. Jahrhundert und in Karos Bet Jossef sowie in seinem Schulchan Aruch. Unter Berufung auf Maimonides ergänzt der Bet Jossef : "Und es ist erlaubt, ein Medikament bei einem Heiden auszuprobieren, wenn dies zweckmäßig ist." Auch diese Aussage findet sich bei dem bekannten R. Moses Isserles.

Bei den halachischen Autoritäten besteht Übereinstimmung, daß die Bezeichnung "gojim" in obiger Lehrmeinung für alle Nichtjuden gilt. Eine einsame andere Meinung vertritt R. Moses Rivkes, Autor eines kleineren Kommentars zum Schulchan Aruch. Er schreibt: Unsere Weisen sagen dies nur über Heiden, die zu ihrer Zeit Götzen anbeteten und nicht an den Auszug der Juden aus Ägypten oder an die Erschaffung der Welt ex nihilo glaubten. Doch die Nichtjuden, in deren [schützendem] Schatten wir, das Volk Israel, im Exil verstreut leben, glauben an die Erschaffung der Welt ex nihilo und an den Auszug aus Ägypten und an viele Prinzipien unserer eigenen Religion und beten zu dem Schöpfer des Himmels und der Erden... Es gibt nicht nur kein Verbot, ihnen zu helfen, wir haben sogar die Pflicht, für ihr Wohlergehen zu beten. Dieser Passus aus der zweiten Hälfte des 17. Jahrhunderts ist ein beliebtes Zitat der apologetischen Gelehrten. In der Tat geht es nicht so weit, wie die Apologeten vorgeben, denn es befürwortet eine Aufhebung des Verbots, das Leben eines Nichtjuden zu retten, macht es aber nicht zur Pflicht wie im Falle eines Juden. Und auch diese Großzügigkeit erstreckt sich nur auf Christen und Moslems, nicht auf die Mehrheit der Menschen. Vielmehr zeigt es nur, daß es eine Möglichkeit gab, wie die strenge Doktrin der Halacha nach und nach gelockert werden könnte. Es bleibt jedoch eine Tatsache, daß die Mehrheit der späteren halachischen Autoritäten weit davon entfernt war, Rivkes' Humanität auf andere Teile der Menschheit auszudehnen; alle haben sie sich von dieser Großherzigkeit distanziert.

Entheiligung des Sabbats zur Lebensrettung

Die Entheiligung des Sabbats, d.h. die Verrichtung von sonst verbotenen Arbeiten am Sonnabend, wird zur Pflicht, wenn das Leben eines Juden bedroht ist. Das Problem, das Leben eines Nichtjuden am Sabbat zu retten, hat keine besondere Bedeutung im Talmud, da dies auch sogar an einem Werktag verboten ist. Es wird jedoch zu einem komplizierenden Faktor in zwei Zusammenhängen.

Zunächst einmal gibt es das Problem einer gefährdeten Gruppe von Menschen. Möglich (aber nicht sicher) dabei ist, daß sich ein Jude unter ihnen befindet. Sollte also der Sabbat entheiligt werden, um sie zu retten? Solche Fälle werden intensiv diskutiert. Nach früheren Autoritäten, einschließlich Maimonides und dem Talmud selbst, entscheidet der Schulchan Aruch die Angelegenheit nach dem Grad der Wahrscheinlichkeit.

Angenommen, neun Nichtjuden und ein Jude leben im selben Gebäude. Das Gebäude stürzt an einem Sonnabend ein und einer der zehn - wer, ist nicht bekannt - fehlt, während die anderen neun in den Trümmern verschüttet sind. Sollten die Trümmer beseitigt und somit der Sabbat entheiligt werden, wenn man annimmt, daß der Jude vielleicht nicht unter ihnen ist (er könnte derjenige sein, der sich rettete)? Der Schulchan Aruch sagt, daß die Trümmer beseitigt werden müßten, da die Wahrscheinlichkeit, daß sich der Jude darunter befindet, sehr hoch ist (neun zu eins). Nehmen wir aber einmal an, daß neun davonkamen und nur einer - auch hier weiß man nicht, wer - eingeschlossen ist. In diesem Falle besteht nicht die Pflicht, die Trümmer wegzuräumen, weil vermutlich in diesem Falle die Wahrscheinlichkeit (neun zu eins) dagegen spricht, daß der Jude der Verschüttete ist. Ein ähnlicher Fall:

Wenn man sieht, daß ein Boot mit einigen Juden an Bord auf See in Gefahr ist, so haben alle die Pflicht, den Sabbat zu ihrer Rettung zu entheiligen. Der große R. Akiba Eger (gestorben 1837) schreibt hierzu, daß dies nur dann gelte, "wenn bekannt ist, daß Juden an Bord sind. Aber ... wenn nichts über die Menschen an Bord bekannt ist, darf [der Sabbat] nicht entheiligt werden, denn man handelt nach [der Abwägung der Wahrscheinlichkeiten, und] die Mehrheit der Menschen in der Welt sind Nichtjuden". Da sie aber gegenüber den jüdischen Passagieren in der großen Überzahl sind, muß man sie ertrinken lassen.

Zum zweiten ist die Vorschrift, daß ein Nichtjude gerettet oder gepflegt werden darf, um die Gefahr einer Feindschaft zu vermeiden, am Sabbat eingeschränkt. Ein Jude, den man an einem Wochentag um Hilfe für einen Nichtjuden ersucht, wird wohl dem Ruf folgen müssen. Gäbe er nämlich zu, daß er prinzipiell das Leben eines Nichtjuden nicht retten dürfe, würde er Feindschaft hervorrufen. An einem Sonnabend kann der Jude aber die Einhaltung des Sabbats als plausible Ausrede benutzen. Ein ausführlich im Talmud behandeltes Fallbeispiel ist das einer jüdischen Hebamme, die als Geburtshelferin zu einer nichtjüdischen Frau gerufen wird. Das Fazit besteht darin, daß die Hebamme aus "Furcht vor Feindschaft" an einem Wochentag - aber nicht an einem Sabbat - helfen darf, da sie sich mit folgenden Worten herausreden kann:

"Wir dürfen den Sabbat nur für unsere eigenen Leute, die den Sabbat einhalten, entheiligen. Wir dürfen ihn aber nicht für ihre Leute, die nicht den Sabbat einhalten, entweihen." Ist diese Erklärung ehrlich oder nur als Ausrede gemeint? Maimonides gibt deutlich zu verstehen, daß man diese Entschuldigung auch dann benutzen kann, wenn die der Hebamme gestellte Aufgabe keine Entheiligung des Sabbats nach sich zöge.

Diese Ausrede wird dann vermutlich auch in diesem Falle funktionieren, weil Nichtjuden in der Regel keine blasse Ahnung davon haben, welche Arbeiten den Juden am Sabbat verboten sind. Wie dem auch sei, er verfügt jedenfalls: "Einer nichtjüdischen Frau darf bei der Entbindung an einem Sabbat nicht geholfen werden, auch nicht gegen Bezahlung; man braucht keine Feindschaft zu fürchten, auch wenn [durch solche Hilfe] der Sabbat nicht entheiligt wird." Der Schulchan Aruch argumentiert ähnlich. Auf diese Art von Ausrede konnte man sich nicht immer verlassen, um jemanden zu täuschen und Feindschaft der Nichtjuden zu vermeiden. Daher mußten einige bedeutende rabbinische Autoritäten die Regeln in gewisser Weise lockern und jüdischen Ärzten die Behandlung von Nichtjuden am Sabbat erlauben, auch wenn hierzu eine bestimmte an jenem Tag normalerweise verbotene Arbeit auszuführen war. Die teilweise Lockerung galt insbesondere reichen und mächtigen nichtjüdischen Patienten, die sich nicht so leicht abweisen ließen und deren Feindschaft eine Gefahr bedeuten könnte.

Somit bestimmte R. Joel Serkes, Autor des Bajit chadasch und einer der größten Rabbiner seiner Zeit (Polen 17. Jahrhundert), daß "Bürgermeister, der niedere Adel und Aristokraten" am Sabbat aus Furcht vor deren Feindschaft, die "einige Gefahren" berge, behandelt werden sollten. In anderen Fällen, besonders dann, wenn sich die Nichtjuden mit einer Ausrede abwimmeln ließen, begehe ein jüdischer Arzt "eine unerträgliche Sünde", wenn er sie am Sabbat behandele. Später im selben Jahrhundert wurde ein ähnliches Verdikt in der zu Frankreich gehörenden Stadt Metz erlassen, deren beide Teile eine Schiffsbrücke verband.

Juden hatten normalerweise nicht die Erlaubnis, solch eine Brücke an einem Sabbat zu überqueren. Der Rabbiner von Metz entschied jedoch, daß ein jüdischer Arzt hierzu die Erlaubnis habe, "wenn er zum Generalgouverneur gerufen werde". Da man von dem Arzt weiß, daß er die Brücke um seiner jüdischen Patienten willen überquert, würde der Gouverneur eine feindliche Haltung einnehmen, falls sich der Arzt weigere, es für ihn zu tun. Unter der autoritären Herrschaft von Ludwig XIV. war es erklärtermaßen wichtig, die Gunst seines Verwalters zu haben, die Gefühle niedrigerer Nichtjuden waren dagegen von wenig Bedeutung.

Chochmat Schlomo, ein Kommentar des Schulchan Aruch aus dem 19. Jahrhundert, wählt eine ähnliche strikte Auslegung des Begriffs "Feindschaft" im Zusammenhang mit den Karäern, einer kleinen häretischen Judensekte. Nach seiner Sicht durfte deren Leben nicht gerettet werden, wenn dies eine Verletzung des Sabbats zur Folge hatte, "denn 'Feindschaft' gilt nur für die Heiden, die vielfach eine ablehnende Haltung gegen uns einnehmen und denen wir ausgeliefert sind .. doch von den Karäern gibt es nur wenige, und wir sind ihnen nicht ausgeliefert. Deshalb gilt die Furcht vor Feindschaft bei ihnen überhaupt nicht". Wie wir noch sehen werden, hat das absolute Verbot, den Sabbat zu entheiligen, um das Leben eines Karäers zu retten, in der Tat noch heute Geltung. R. Mose Sofer, ein bekannter 1839 in Preßburg verstorbener Rabbiner, behandelt das ganze Thema ausführlich in seinen Responsen (besser bekannt als Chatam Sofer).

Seine Ausführungen sind von mehr als nur historischem Interesse, da im Jahre 1966 der Oberrabbiner von Israel eine seiner Responsen öffentlich als Grundsatzung der Halacha billigte. Die besondere von Sofer gestellte Frage beschäftigte sich mit der Situation in der Türkei, wo während einem der Kriege ein Erlaß galt, daß in jeder Stadt oder jedem Dorf Hebammen verfügbar sein müßten, um einer in den Wehen liegenden Frau beizustehen. Einige dieser Hebammen waren Jüdinnen. Sollten sie sich verdingen, Nichtjüdinnen an Werktagen oder am Sabbat zu helfen?

In einem Responsum zieht Sofer nach sorgfältiger Untersuchung die Schlußfolgerung, daß es sich bei den betreffenden Nichtjuden, d.h. osmanischen Christen und Moslems, nicht um Götzenanbeter handelt, "die unzweideutig andere Götter anbeten und deshalb 'weder aus einem Brunnen herausgeholt noch in einen hineingestoßen werden dürften'"; sie entsprächen seiner Meinung nach den Amalekitern, so daß die talmudische Vorschrift "Es ist verboten, den Samen der Amalekiter zu verbreiten" auf sie zutrifft. Deshalb dürfe man ihnen prinzipiell an Wochentagen keine Hilfe zukommen lassen. In der Praxis sei es jedoch "erlaubt", Nichtjuden zu heilen und Nichtjüdinnen bei der Geburt zu helfen, wenn sie eigene Ärzte und Hebammen haben, die statt der jüdischen gerufen werden könnten. Denn wenn jüdische Ärzte und Hebammen sich weigerten, Nichtjuden beizustehen, wäre ein Einkommensverlust die Folge, was natürlich unerwünscht ist. Dies gilt gleichermaßen für Wochentage und für den Sabbat, vorausgesetzt, der Sabbat wird nicht entweiht. Im letzteren Fall kann der Sabbat jedoch als Ausrede dienen, um "die heidnischen Frauen irrezuführen und zu sagen, daß der Sabbat dabei entheiligt werde".

Im Zusammenhang mit Fällen, bei denen tatsächlich der Sabbat entheiligt wird, unterscheidet Sofer wie andere Autoritäten zwischen zwei am Sabbat verbotenen Kategorien von Arbeiten. Zunächst gibt es Arbeiten, die die Tora (der biblische Text, soweit er vom Talmud interpretiert wird) verbietet. Eine solche Arbeit darf nur in seltenen Ausnahmefällen verrichtet werden, wenn andernfalls eine extreme Gefahr der Feindschaft gegen Juden die Folge wäre. Ferner gibt es andere Arten von Arbeiten, die nur von den das ursprüngliche Gesetz der Tora ausweitenden Weisen verboten werden. Die Haltung gegenüber einem Verstoß gegen solche Verbote ist im allgemeinen milde.

Ein weiteres Responsum von Sofer behandelt die Frage, ob einem jüdischen Arzt erlaubt sei, mit einem Wagen am Sabbat zu reisen, um einen Nichtjuden zu heilen. Nachdem er herausgestellt hat, daß unter bestimmten Umständen die Reise am Sabbat in einem von Pferden gezogenen Wagen nur das "von den Weisen" und nicht das von der Tora auferlegte Verbot verletzt, greift er auf die Aussage des Maimonides zurück, daß in den Wehen liegende nichtjüdische Frauen keine Hilfe erhalten dürfen, wenn der Sabbat dabei verletzt wird. Er führt aus, daß dasselbe Prinzip für alle ärztlichen Leistungen und nicht nur für die Geburtshilfe gelte. Doch dann spricht er die Furcht aus, wenn man dieses praktiziere, es "unerwünschte Feindschaft hervorrufen würde". Die Nichtjuden würden nämlich die Ausrede, den Sabbat einhalten zu müssen, nicht akzeptieren und sagen, daß das Blut eines Götzenanbeters in unseren Augen nur wenig Wert habe. Wichtiger sei vielleicht noch, daß nichtjüdische Ärzte Rache an ihren jüdischen Patienten nehmen können. Man müsse bessere Vorwände finden. Ein jüdischer Arzt, der am Sabbat zur Behandlung eines nichtjüdischen Patienten aus der Stadt gerufen wird, kann sich damit herausreden, daß er in der Stadt bleiben müsse, um seine anderen Patienten zu versorgen. "Denn er kann dies benutzen, um zu sagen 'wegen dieser oder jener Gefahr für den Patienten, der zuerst einen Doktor braucht, kann ich nicht verreisen, und ich möchte nicht mein Honorar verlieren' ... bei solch einer Ausrede braucht man keine Gefahr zu fürchten, denn der Vorwand, ein anderer dringenderer Fall hätte vorgelegen, wird häufig von Ärzten gebraucht, die sich verspäten". Nur "wenn es unmöglich ist, eine Entschuldigung zu geben", hat der

Arzt die Erlaubnis, in einem Wagen an Sabbat zu reisen, um einen Nichtjuden zu behandeln.

Bei der ganzen Diskussion dreht sich die Hauptfrage um die Ausreden und nicht um die tatsächliche Heilung oder das Wohlergehen des Patienten. Und überall gilt es als selbstverständlich, daß man Nichtjuden täuschen darf und nicht zu behandeln braucht, solange man "Feindschaft" abwehren kann. In der heutigen Zeit sind natürlich die wenigsten jüdischen Ärzte religiös, und meist kennen sie nicht einmal diese Vorschriften.

Ferner scheint es, daß auch viele religiöse Ärzte - was für sie spricht - die Bindung an den Hippokratischen Eid den Vorschriften ihrer fanatischen Rabbiner vorziehen. Der Einfluß der Rabbiner wird jedoch nicht ganz ohne Einfluß auf einige Ärzte bleiben. Außerdem gibt es viele, die dem Einfluß zwar nicht unterliegen, jedoch in der Öffentlichkeit nicht dagegen zu protestieren wagen. All dies ist weit davon entfernt, eine erledigte Frage zu sein. Die neueste halachische Position in dieser Angelegenheit beschreibt ein knappgehaltenes und maßgebendes Buch, das in englischer Sprache unter dem Titel Jewish Medical Law erschienen ist. Dieses Buch (mit dem Impressum der renommierten israelischen Stiftung "Mossad Harav Kook") basiert auf den Responsa von R. Elieser Jehuda Waldenberg, Oberrichter am Rabbinischen Distriktgericht von Jerusalem. Einige Stellen aus diesem Werk bedürfen besonderer Erwähnung.

Zunächst einmal, "ist es verboten, den Sabbat zu entheiligen ... wegen eines Karäers." So steht es da - offen, absolut und ohne weitere Einschränkung. Die Feindschaft dieser kleinen Sekte spielt vermutlich keine Rolle, so daß sie am Sabbat ohne eine Behandlung sterben können. In Bezug auf die Nichtjuden: "Nach den Vorschriften des Talmud und dem Kodex des jüdischen Gesetzes ist es verboten, den Sabbat durch Verletzung des biblischen oder rabbinischen Gesetzes zu entweihen oder das Leben eines schwerkranken nichtjüdischen Patienten zu retten. Verboten ist auch, eine nichtjüdische Frau am Sabbat von einem

Kind zu entbinden." Doch das Verbot wird durch eine Dispensation gelockert: "Heute ist es jedoch erlaubt, den Sabbat wegen eines Nichtjuden durch vom rabbinischen Gesetz verbotene Handlungen zu entweihen, denn so verhindert man das Aufkommen negativer Gefühle zwischen Juden und Nichtjuden." Dies reicht nicht sehr weit, da bei einer medizinischen Behandlung von der Tora selbst am Sabbat verbotene Handlungen oft vorkommen, die von dieser Dispensation abgedeckt sind. Es gibt, so wird erklärt, "einige" halachische Autoritäten, die diese Dispensation auch auf solche Handlungen ausdehnen. Doch sagt dies nur mit anderen Worten, daß die meisten halachischen Autoritäten und diejenigen, die wirklich zählen, eine entgegengesetzte Ansicht haben. Noch ist jedoch nicht alles verloren. Das Buch Jewish Medical Law bietet eine wirklich atemberaubende Lösung für diese Schwierigkeiten.

Die Lösung liefert eine kleine Stelle des talmudischen Gesetzes. Von dem durch die Tora auferlegten Verbot "Ausführung einer gegebenen Handlung am Sabbat" wird vorausgesetzt, daß es nur dann gilt, wenn die Hauptabsicht bei ihrer Ausführung auch ihr tatsächliches Ergebnis ist. (Beispiel: Das Mahlen von Weizen ist durch die Tora vermutlich dann nur verboten, wenn der Zweck des Mahlens die Herstellung von Mehl ist.) Wenn andererseits die Ausführung derselben Handlung beiläufig ein anderes Ergebnis zeitigt (melachah se-einah zrichah legufah), dann ändert die Handlung ihren Status. Sie ist zwar noch immer verboten, das ist sicher, doch nur von den Weisen und nicht von der Tora selbst. Deshalb: Um eine Übertretung des Gesetzes zu vermeiden, gibt es eine rechtlich zulässige Methode, die Behandlung eines nichtjüdischen Patienten zu ermöglichen, auch wenn es sich dabei um einen Verstoß gegen das biblische Gesetz handelt. Es wird vorgeschlagen, daß, wenn ein Arzt den nötigen Dienst versieht, dies nicht mit der hauptsächlichen Absicht geschieht, den Patienten zu heilen, sondern sich und die jüdischen Menschen gegen die Anschuldigung religiöser Diskriminierung und schwerer Vergeltung zu schützen, die ihn im besonderen und die jüdischen Menschen im allgemeinen in Gefahr bringen kann. Bei diesem Vorsatz wird jede Maßnahme seitens des Arztes "zu einer Handlung, deren tatsächliches

Ergebnis nicht der Hauptzweck ist",... was an Sabbat nur durch das rabbinische Gesetz verboten ist. Ein kürzlich in hebräischer Sprache erschienenes maßgebliches Buch schlägt auch diesen heuchlerischen Ersatz für den Hippokratischen Eid vor. Obwohl die israelische Presse diese Tatsachen zumindest zweimal erwähnte, hüllte sich der israelische Ärzteverband in Schweigen.

Nachdem wir etwas ausführlicher das hochwichtige Thema der Haltung der Halacha gegenüber den Lebensinteressen von Nichtjuden erörtert haben, wollen wir uns kurz mit anderen halachischen Vorschriften beschäftigen, die zur Diskriminierung der Nichtjuden gedacht sind. Da es eine große Anzahl solcher Vorschriften gibt, sollen nur die wichtigeren erwähnt werden.

Sexuelle Straftaten

Geschlechtsverkehr zwischen einer verheirateten jüdischen Frau und einem anderen Mann als ihrem Ehegatten ist ein Kapitalverbrechen für beide Seiten und eine der drei schwersten Sünden. Eine nichtjüdische Frau hat dabei einen ganz anderen Status. Die Halacha behauptet dreist, daß alle Nichtjuden häufig wechselnden Geschlechtsverkehr hätten, und der Vers "ihr Fleisch ist wie das Fleisch von Eseln, und deren Ausfluß [des Samens] ist gleich dem Ausfluß von Pferden" auf sie zuträfe. Ob eine nichtjüdische Frau verheiratet ist oder nicht, spielt keine Rolle, da der Begriff der Ehe auf Nichtjuden nicht anzuwenden sei ("für einen Heiden gibt es keine Ehe"). Deshalb sei auch der Begriff des Ehebruchs auf den Geschlechtsverkehr zwischen einem jüdischen Mann und einer nichtjüdischen Frau nicht anwendbar. Der Talmud setzt solch einen Geschlechtsverkehr der Sünde der Sodomie gleich. (Aus demselben Grunde behauptet man von Nichtjuden, die Vaterschaft ließe sich bei ihnen nicht feststellen.) Die Talmudische Enzyklopädie sagt:

Wer geschlechtlichen Umgang mit der Ehefrau eines Nichtjuden pflegt, unterliegt nicht der Todesstrafe, denn es steht geschrieben: "Deines Nächsten Ehefrau" und nicht die Ehefrau eines Fremden. Und auch das an Nichtjuden gerichtete Gebot, ein Mann "solle seiner Ehefrau treu bleiben" gilt nicht für einen

Juden, weil es auch keine Ehe für einen Heiden gibt. Eine verheiratete nichtjüdische Frau ist ein Tabu für die Nichtjuden, in keinem Falle aber für einen Juden. Dies besagt nicht, daß Geschlechtsverkehr zwischen einem jüdischen Mann und einer nichtjüdischen Frau erlaubt ist - ganz im Gegenteil. Die schwerste Strafe wird über die nichtjüdische Frau verhängt. Sie muß hingerichtet werden, auch wenn ein Jude sie vergewaltigte. Gleichgültig, ob es sich um ein Kind von drei Jahren oder einen Erwachsenen, eine verheiratete oder unverheiratete Frau oder sogar um eine Minderjährige von nur neun Jahren und einem Tag handelt, muß sie wie im Falle eines wilden Tieres getötet werden, da er vorsätzlichen Geschlechtsverkehr mit ihr hatte und sie einen Juden in Schwierigkeiten brachte. Der Jude jedoch ist auszupeitschen. Falls er ein Kohen (Mitglied des priesterlichen Stammes) ist, erhält er die doppelte Anzahl an Hieben, da er ein doppeltes Verbrechen begangen hat. Ein Kohen darf keinen Geschlechtsverkehr mit einer Prostituierten haben, und alle nichtjüdischen Frauen sind mutmaßlich Prostituierte.

Status

Nach der Halacha dürfen (nach Möglichkeit) die Juden keinem Nichtjuden erlauben, eine Machtstellung über Juden einzunehmen, und sei sie noch so gering. (Die beiden Paradebeispiele sind "Befehlshaber über zehn Soldaten in der jüdischen Armee" und "Aufsichtsführender über einen Bewässerungsgraben".) Bezeichnenderweise gilt diese spezielle Vorschrift auch für Konvertiten zum Judentum und ihre Nachkommen in der weiblichen Linie für die Dauer von zehn Generationen oder "solange, wie die Abstammung bekannt ist". Bei Nichtjuden wird vorausgesetzt, daß sie geborene Lügner sind; sie können vor einem rabbinischen Gericht kein Zeugnis ablegen. In dieser Hinsicht stehen sie theoretisch auf einer Stufe mit jüdischen Frauen, Sklaven und Minderjährigen. In der Praxis sieht es jedoch noch düsterer für sie aus.

Eine jüdische Frau darf heute als Zeugin bei bestimmten Tatsachen aussagen, wenn sie einem rabbinischen Gericht als "glaubhaft" erscheint, ein Nichtjude dagegen nie.

Ein Problem entsteht dabei, wenn ein rabbinisches Gericht einen Sachverhalt klären muß, für den es nur nichtjüdische Zeugen gibt. Dazu ein wichtiges Beispiel im Falle von Witwen: Nach dem jüdischen religiösen Gesetz kann eine Frau nur dann zu einer Witwe erklärt werden und darf dann wieder heiraten, wenn der Tod ihres Ehemannes mit Sicherheit durch einen Zeugen, der ihn sterben sah oder seinen Leichnam identifizierte, bewiesen ist. Das rabbinische Gericht akzeptiert den Beweis vom Hörensagen eines Juden, der bezeugt, er habe die fragliche Tatsache von einem nichtjüdischen Augenzeugen gehört. Voraussetzung ist jedoch, das Gericht ist überzeugt, daß letzterer dies beiläufig erwähnt ("goj mesiah lefi tummo") und nicht eine auf direkte Frage antwortete, denn die direkte Antwort eines Nichtjuden auf die direkte Frage eines Juden ist vermutlich eine Lüge. Falls erforderlich, wird ein Jude (vorzugsweise ein Rabbiner) ein belangloses Gespräch mit dem nichtjüdischen Augenzeugen führen, und ohne eine direkte Frage zu stellen, aus ihm eine beiläufige Aussage zu der in Frage stehenden Tatsache herausholen.

Geld und Eigentum

Geschenke

Der Talmud verbietet offen Geschenke an Nichtjuden. Die klassischen rabbinischen Autoritäten änderten diese Vorschrift jedoch, weil Geschenke unter Geschäftsleuten gang und gäbe sind. Man legte deshalb fest, daß ein Jude einen nichtjüdischen Bekannten beschenken darf, da dies kein echtes Geschenk, sondern eine Art Investition sei, für die man Profit erwartet. Geschenke an "nichtbekannte Nichtjuden" bleiben verboten.

Eine ähnlich umfassende Vorschrift besteht für Almosen. Einem jüdischen Bettler Almosen zu geben, ist ein wichtige religiöse Pflicht. Almosen an nichtjüdische Bettler sind dagegen nur des lieben Friedens willen erlaubt. Zahllose rabbinische Warnungen besagen jedoch, daß sich die nichtjüdischen Armen an Almosen von Juden "gewöhnen" könnten, so daß es möglich sein müßte, solch milde Gaben zu verweigern, ohne unnötige Feindschaft zu wecken.

Zinsforderungen

Die gegen Nichtjuden gerichtete Diskriminierung in dieser Sache wurde angesichts der im Kapitel III ("III Orthodoxie und Interpretation") erläuterten Dispensation, die in der Realität die Zinsnahme auch von einem jüdischen Kreditnehmer erlaubt, weitgehend zu einer theoretischen Angelegenheit. Ein zinsloser Kredit an einen Juden gilt als Akt der Nächstenliebe; von einem nichtjüdischen Kreditnehmer Zinsen zu verlangen, ist aber eine Pflicht. In der Tat betrachten es viele - wenn auch nicht alle - rabbinischen Autoritäten einschließlich Maimonides als Gebot, so viel Wucherzinsen wie möglich für einen Kredit an einen Nichtjuden zu fordern.

Verlorenes Eigentum

Findet ein Jude fremdes Eigentum, dessen wahrscheinlicher Besitzer ein Jude ist, so muß der Finder durch öffentliche Bekanntmachung unbedingt alle Anstrengungen unternehmen, um seinen Fund zurückzugeben. Dagegen ist nach dem Talmud und allen früheren rabbinischen Autoritäten dem jüdischen Finder nicht nur erlaubt, den Gegenstand, den ein Nichtjude verloren hat, sich anzueignen, sondern es ist geradezu verboten, ihn zurückzugeben. Erst als in neuerer Zeit in den meisten Ländern Gesetze erlassen wurden, die die Rückgabe von verlorenen Gegenständen zur Pflicht machen, wiesen die rabbinischen Autoritäten die Juden an, entsprechend diesen Gesetzen zu handeln, und zwar als ein Akt des zivilen Gehorsams dem Staate gegenüber und nicht als eine religiöse Pflicht, d.h., es ist nichts zu unternehmen, um den Besitzer zu finden, wenn er wahrscheinlich ein Nichtjude ist.

Täuschung im Geschäftsleben

Jegliche Täuschung eines Juden ist eine schwere Sünde, einen Nichtjuden direkt zu hintergehen, ist dagegen lediglich unerlaubt. Eine indirekte Täuschung ist zulässig, sofern sie aller Wahrscheinlichkeit nach keine Feindschaft gegen Juden hervorruft oder die jüdische Religion verletzt. Ein Paradebeispiel ist die falsche Berechnung des Preises bei einem Kauf. Unterläuft einem Juden ein für ihn ungünstiger Fehler, so hat er die religiöse Pflicht, ihr zu korrigieren. Stellt man bei einem Nichtjuden fest, daß er solch einen Fehler begeht, braucht man ihn es nicht wissen zu lassen, sondern nur "Ich verlasse mich auf Ihre Berechnung" zu sagen, um einer Feindschaft den Wind aus den Segeln zu nehmen, falls der Nichtjude später seinen eigenen Fehler erkennt.

Betrug

Es ist verboten, einen Juden beim Kauf oder Verkauf durch einen unangemessenen Preis zu betrügen. Jedoch gilt das Betrugsverbot nicht für Nichtjuden, denn es steht geschrieben: "Kein Mann soll seinen Bruder betrügen". Ein Nichtjude, der einen Juden betrügt, sollte gezwungen werden, den Betrug wiedergutzumachen, aber nicht strenger als ein Jude (in einem ähnlichen Falle) bestraft werden."

Diebstahl und Raub

Diebstahl (ohne Gewalt) ist streng verboten, "auch von einem Nichtjuden", wie es der Schulchan Aruch so schön formuliert. Raub (mit Gewalt) ist ebenfalls verboten, wenn es sich beim Opfer um einen Juden handelt. Die Beraubung eines Nichtjuden durch einen Juden unterliegt jedoch keinem direkten Verbot, sondern hängt nur von bestimmten Umständen ab, wie "wenn die Juden nicht unter unserer Herrschaft stehen", ist aber erlaubt, wenn sie unter unserer Herrschaft sind. Hinsichtlich der genaueren Einzelheiten der Umstände, unter denen ein Jude einen Nichtjuden berauben darf, unterscheiden sich die Meinungen der rabbinischen Autoritäten. Die ganze Diskussion befaßt sich jedoch nur mit der relativen Macht von Juden und Nichtjuden und nicht mit dem Gesichtspunkt der Gerechtigkeit und Humanität. Dies erklärt, warum so wenige Rabbiner gegen den Raub palästinensischen Eigentums in Israel protestiert haben. Dieser Raub wurde von der überwältigenden jüdischen Macht gestützt.

Nichtjuden im Land Israel

Neben den allgemein gegen Nichtjuden gerichteten Gesetze enthält die Halacha Sondergesetze gegen Nichtjuden, die im Land Israel (Erez Israel) leben oder, in einigen Fällen, durch das Land reisen. Diese Gesetze sollen die jüdische Vorherrschaft in diesem Land sichern. Der Talmud und die talmudische Literatur sind unterschiedlicher Ansicht über die genaue geographische Definition des Begriffs "Land Israel", und diese Debatte wird auch in der heutigen Zeit zwischen den verschiedenen zionistischen Meinungsströmungen fortgeführt. Aus Sicht der Maximalisten gehören zum Land Israel (neben Palästina selbst) nicht nur der ganze Sinai, Jordanien, Syrien und der Libanon, sondern auch beträchtliche Teile der Türkei. In der Auslegung der vorherrschenden "Minimalisten" liegt die nördliche Grenze "nur" etwa in der Mitte von Syrien und dem Libanon auf dem Breitengrad von Homs. Diese Ansicht unterstützte Ben Gurion.

Aber auch diejenigen, die Teile von Syrien-Libanon ausschließen, stimmen darin überein, daß bestimmte diskriminierende Gesetze (wenn auch weniger unterdrückend als in Israel selbst) für die Nichtjuden dieser Teile gelten, da dieses Territorium zum Königreich Davids gehörte. Nach allen talmudischen Auslegungen gehört Zypern zum Land Israel. Ich möchte jetzt einige der Sondergesetze anführen, die für die Nichtjuden im Land Israel gelten. Augenfällig ist dabei die Verbindung zur heutigen zionistischen Praxis.

Die Halacha verbietet es Juden, Immobilien, d.h. Felder und Häuser, im Land Israel an Nichtjuden zu verkaufen. In Syrien ist der Verkauf von Häusern (aber nicht von Feldern) erlaubt. Die Vermietung eines Hauses im Land Israel ist an einen Nichtjuden unter zwei Bedingungen gestattet. Zunächst einmal darf er das Haus nicht bewohnen, sondern nur für andere Zwecke (wie als Lagerhaus) benutzen. Zum zweiten dürfen drei oder mehrere nebeneinanderliegende Häuser nicht vermietet werden. Die

Erklärung für diese und mehrere andere Vorschriften lautet wie folgt: "Du sollst ihnen nicht erlauben, auf dem Land zu lagern, denn wenn sie kein Land besitzen, werden sie sich nur vorübergehend aufhalten." Auch eine vorübergehende Anwesenheit von Nichtjuden kann nur toleriert werden, "wenn die Juden im Exil leben oder die Nichtjuden mächtiger als die Juden sind". Sind jedoch die Juden mächtiger als die Nichtjuden, so dürfen wir keine Götzenanbeter unter uns leben lassen. Auch ein nur auf Zeit Ansässiger oder Hausierer darf nur unser Land passieren, sofern er die sieben Noachidischen Gesetze beachtet, denn es steht geschrieben: "Sie sollen nicht in deinem Lande wohnen", d.h. auch nicht zeitweilig.

Beachtet er die sieben Noachidischen Gesetze, so wird er zu einem ansässigen Fremdling (ger toschaw) und erhält nicht den Status eines ansässigen Fremdlings außer in Zeiten des Jubeljahres [d. h. als der Tempel noch stand und Opfer gebracht wurden]. Außerhalb des Jubeljahres ist es verboten, irgendeinen aufzunehmen, der nicht voll zum Judaismus übergetreten ist (ger zedek).

Damit ist klar, daß die ganze Frage, wie die Palästinenser zu behandeln seien, nach der Halacha lediglich eine Frage der jüdischen Macht ist, so wie es die Führer und Sympathisanten des Gusch Emunim sagen.

Wenn die Juden genug Macht haben, ist es ihre religiöse Pflicht, die Palästinenser zu vertreiben. Israelische Rabbiner und ihre fanatischen Anhänger zitieren oft diese Gesetze. So wurde z.B. das Gesetz, das die Vermietung von drei nebeneinanderliegenden Häusern an Nichtjuden verbietet, feierlich von einer rabbinischen Konferenz bestätigt, die 1979 die Verträge von Camp David erörterte. Die Konferenz stellte ferner fest, daß nach der Halacha auch die "Autonomie", die Begin bereitwillig den Palästinensern anbot, zu liberal sei. Gegen solche öffentlichen Auslassungen, die in der Tat die Haltung der Halacha korrekt wiedergeben, beziehen die zionistischen "Linken" nur selten Stellung.

Neben den bisher erwähnten Gesetzen, die sich gegen alle Nichtjuden im Lande Israel richten, üben die Gebote gegen die Kanaaniter und andere in Palästina vor der Eroberung durch Josua lebenden Nationen sowie gegen die Amalekiter erlassenen Gesetze einen noch schlimmeren Einfluß aus. Alle diese Völker sind vollständig auszurotten. Der Talmud und die talmudische Literatur wiederholen die biblischen Aufforderungen zum Völkermord mit noch größerer Vehemenz. Einflußreiche Rabbiner, die eine beträchtliche Anhängerschaft unter israelischen Armeeoffizieren haben, setzen die Palästinenser (oder sogar alle Araber) mit diesen antiken Völkern gleich, so daß Befehle wie "Du sollst nicht retten, was atmet" eine aktuelle Bedeutung erlangen. In der Tat ist es nicht ungewöhnlich, daß Reservisten, die zum Patrouillendienst im Gazastreifen einberufen werden, eine "erzieherische Lektion" erhalten, in der man ihnen sagt, daß die Palästinenser im Gazagebiet "wie die Amalekiter" seien. Ein bedeutender israelischer Rabbiner zitierte feierlich biblische Verse mit einem Aufruf zum Völkermord an den Midianitern als Rechtfertigung des Massakers von Kibbija. Diese Auslassung hat weite Verbreitung in der israelischen Armee gefunden. Man könnte viele ähnliche Beispiele blutrünstiger rabbinischer Erklärungen gegen die Palästinenser anführen, die alle auf diesen Gesetzen beruhen.

Schmähungen

Unter dieser Überschrift möchte ich Beispiele der halachischen Gesetze erörtern, deren wichtigste Absicht nicht so sehr darin besteht, bestimmte gegen Nichtjuden gerichtete Diskriminierungen vorzuschreiben, als vielmehr Verachtung und Haß gegenüber Nichtjuden zu vertiefen. Demgemäß beschränke ich mich in diesem Abschnitt nicht auf das Zitieren aus den maßgeblichsten halachischen Quellen (wie ich es bisher getan habe), sondern berücksichtige auch einige weniger grundlegende Werke, die im religiösen Unterricht weite Verbreitung gefunden haben. Beginnen wir mit dem Text einiger liturgischer Gebete. In den ersten Abschnitten des täglichen Morgengebets preist jeder fromme Jude Gott dafür, ihn nicht zu einem Nichtjuden gemacht zu haben. Der Schlußteil des täglichen Gebets (der auch im feierlichsten Teil des Gottesdienstes am Neujahrstag und zu Jom Kippur verwendet wird), beginnt mit der Aussage: "Wir müssen den Herrn für alles preisen,... uns nicht wie die anderen Völker [aller] Länder gemacht zu haben,... denn sie verbeugen sich vor der Eitelkeit und Nichtswürdigkeit und beten zu einem Gott, der nicht hilft." Während Zensoren den letzten Satzteil aus den Gebetsbüchern strichen, wurde er im östlichen Europa mündlich weitergegeben und steht wieder in vielen in Israel gedruckten Gebetsbüchern.

Der wichtigste Abschnitt des Wochentagsgebetes, das "Achtzehngebet" enthält einen speziellen Fluch, der sich ursprünglich gegen Christen, zum Christentum konvertierte Juden und andere jüdische Häretiker richtete: "Und mögen die Abtrünnigen keine Hoffnung haben und die Christen sofort zugrundegehen".

Diese Formel geht auf das Ende des 1. Jahrhunderts zurück, als die Christen noch eine kleine, verfolgte Sekte waren. Einige Zeit vor dem 14. Jahrhundert wurde sie abgeschwächt in "Und mögen die Abtrünnigen keine Hoffnung haben und alle Häretiker sofort zugrunde gehen" und nach zusätzlichem Druck in Und mögen die Denunzianten keine Hoffnung haben und alle Häretiker sofort zugrunde gehen geändert. Nach der Gründung Israels kehrte sich der Prozeß um, und viele neu gedruckte Gebetsbücher enthielten wieder die zweite Formel, die auch viele Lehrer in religiösen israelischen Schulen vorschreiben. Nach 1967 übernahmen viele dem Gusch Emunim nahestehenden Gemeinden wieder die erste Version (bis dahin nur verbal und nicht in gedruckter Form) und beten heute täglich, daß die Christen "sofort untergehen mögen".

Diese Umkehrung erfolgte in der Zeit, als die Katholische Kirche (unter Papst Johannes XXIII.) aus der Karfreitagsliturgie ein Gebet entfernte, in dem Gott darum gebeten wurde, sich der Juden, Häretiker usw. zu erbarmen. Von diesem Gebet behaupteten die meisten jüdischen Führer, es sei beleidigend oder sogar antisemitisch.

Neben den festen Tagesgebeten muß ein frommer Jude bei verschiedenen (guten oder schlechten) Anlässen kurze Segenssprüche aufsagen (wenn er z.b. ein neues Kleidungsstück anzieht, zum ersten Mal im jeweiligen Jahr erhältliche Früchte ißt, starke Blitze sieht, schlechte Neuigkeiten erfährt usw.). Einige dieser Situationsgebete sollen Haß und Verachtung gegenüber allen Nichtjuden verstärken. Im Kapitel II ("II Vorurteile und Verfälschungen") erwähnte ich schon die Vorschrift, nach der ein Jude angesichts eines nichtjüdischen Friedhofs einen Fluch aussprechen muß, aber Gott zu preisen hat, wenn er einen jüdischen Friedhof sieht. Eine ähnliche Vorschrift gilt für die Lebenden. Sieht ein frommer Jude eine große jüdische Menschenansammlung, muß er Gott loben, aber einen Fluch aussprechen, wenn er eine große Ansammlung nichtjüdischer Menschen bemerkt.

Auch Gebäude bilden keine Ausnahme. Der Talmud schreibt vor, daß ein Jude, der an einer bewohnten nichtjüdischen Wohnung vorbeigeht, dort um deren Zerstörung bitten muß. Liegt das Gebäude dagegen in Trümmern, hat er dem Rachegott zu danken; natürlich gelten umgekehrte Vorschriften für jüdische Häuser.

Diese Vorschrift konnten jüdische Bauern, die in eigenen Dörfern oder in kleinen städtischen Gemeinden in reinjüdischen Stadtbezirken und Stadtvierteln lebten, leicht einhalten. Unter den Bedingungen des klassischen Judaismus ließ sie sich jedoch immer schwerer handhaben und beschränkte sich daher auf die Kirchen und Gotteshäuser anderer Religionen (mit Ausnahme des Islam). Und in diesem Zusammenhang erfuhr sie eine Verstärkung durch die Bräuche. Es wurde nämlich üblich, angesichts einer Kirche oder eines Kreuzes (in der Regel dreimal) auszuspucken, und zwar als Verfeinerung der zwingend vorgeschriebenen Formel des Bedauerns. Mitunter wurden auch beschimpfende biblische Verse hinzugefügt.

Es gibt ferner eine Reihe von Vorschriften, die jeden Ausdruck des Lobes für Nichtjuden oder ihrer Taten verbieten, es sei denn, solch ein Lob schließt stillschweigend eine noch höhere Preisung der Juden und jüdischer Dinge ein. Diese Vorschrift beachten noch heute die orthodoxen Juden. So rühmte z. B. der Schriftsteller Agnon nach seiner Rückkehr aus Stockholm, wo er den Nobelpreis für Literatur erhalten hatte, im israelischen Rundfunk die Schwedische Akademie, fügte aber noch schnell hinzu: "Ich habe nicht vergessen, daß es verboten ist, Nichtjuden zu loben. Für mein Lob gibt es jedoch einen besonderen Grund" - d.h., daß ein Jude den Preis erhielt.

Desgleichen ist es verboten, an irgendwelchen Volksfesten von Nichtjuden teilzunehmen, es sei denn, die Verweigerung einer solchen Teilnahme könnte "Feindschaft" gegen die Juden hervorrufen. In diesem Falle ist eine "minimale" Anteilnahme erlaubt. Neben den bisher erwähnten Regeln gibt es noch andere, die menschliche Freundschaft zwischen Juden und Nichtjuden verhindern sollen. Ich möchte hier nur zwei Beispiele anführen: Die Vorschriften bezüglich des "Trankopferweins" und die Vorschrift über die Zubereitung von Nahrung für einen Nichtjuden an jüdischen religiösen Feiertagen.

Ein religiöser Jude darf keinen Wein trinken, an dessen Erzeugung ein Nichtjude irgendwie beteiligt war. Wein in einer offenen Flasche, auch wenn er vollständig von Juden hergestellt wurde, wird mit einem Verbot belegt, wenn ein Nichtjude auch nur die Flasche berührte oder die Hand darüber schwenkte. Als Grund führen die Rabbiner an, daß alle Nichtjuden nicht nur Götzenanbeter sind; man müsse von ihnen auch annehmen muß, daß sie boshaft ihren Vorteil daraus ziehen möchten, indem sie wahrscheinlich (durch Flüstern, eine Geste oder Gedanken) jeden Wein, den ein Jude im Begriffe zu trinken ist, ihren Götzen als "Trankopfer" widmen. Dieses Gesetz betrifft zwingend alle Christen, in leicht abgeschwächter Form auch Moslems. (Eine geöffnete Flasche Wein, die ein Christ berührt hat, muß ausgeschüttet werden.

Hat sie ein Moslem berührt, kann man sie verkaufen oder verschenken. Ein Jude darf sie aber nicht trinken.) Das Gesetz gilt gleichermaßen für nichtjüdische Atheisten (wie kann man denn sicher sein, daß sie nicht bloß vorgeben, Atheisten zu sein?), aber nicht für jüdische Atheisten. Die Gesetze, die eine

Arbeit an Sabbat verbieten, werden - wenn auch weniger rigoros – bei den anderen religiösen Feiertagen angewendet. So ist es an einem nicht auf einen Sonnabend fallenden Feiertag erlaubt, jede Arbeit zu verrichten, die zur Vorbereitung der während des oder der religiösen Tage zu verzehrenden Nahrung erforderlich ist. Vom Gesetz her ist dies als Vorbereitung einer "Seelennahrung" (ochel nefesch) definiert, wobei "Seele" in der Bedeutung "Jude" ausgelegt wird. "Nichtjuden und Hunde" sind ausdrücklich ausgeschlossen. Es gibt jedoch eine Dispensation zugunsten mächtiger Nichtjuden, deren Feindschaft gefährlich werden kann. Es ist daher erlaubt, Nahrung an einem religiösen Feiertag für einen Besucher zu kochen, der in diese Kategorie fällt, vorausgesetzt, man hat ihn nicht bewußt zum Essen eingeladen.

Sehen wir einmal von der praktischen Anwendung ab, so hat die dauernde Beschäftigung mit diesen Gesetzen, die zum Studium der Halacha gehört und im klassischen Judentum als höchste religiöse Pflicht gilt, eine wichtige geistige Einstellung zur Folge. Somit lernt ein orthodoxer Jude bei den heiligen Studien von Kindesbeinen an, daß Nichtjuden mit Hunden zu vergleichen sind, daß es eine Sünde ist, sie zu loben usw. usf. Tatsächlich üben die Anfängerlehrbücher in diesem Zusammenhang einen noch schlechteren Einfluß als der Talmud und die großen talmudischen Gesetzbücher aus. Ein Grund hierfür liegt darin, daß solche grundlegenden Texte ausführliche Erläuterungen liefern und so abgefaßt sind, daß sie junge Menschen und Ungebildete tiefe beeindrucken. Aus einer großen Anzahl solcher Texte habe ich einen ausgewählt, der sich derzeit in Israel großer Beliebtheit erfreut; er erschien in billigen, von der israelischen Regierung stark subventionierten Neuauflagen. Es handelt sich hierbei um das von einem anonymen Rabbiner im Spanien des frühen 14. Jahrhunderts geschriebene Buch der Erziehung, das die 613 religiösen Gebote (''Mizwoth'') des Judaismus in der Reihenfolge erläutert, in der sie nach der talmudischen und im Kapitel III ("III Orthodoxie und Interpretation") erörterten Auslegung in den fünf Büchern Moses angeblich zu finden sind. Seinen langanhaltenden Einfluß und seine Popularität verdankt es dem klaren und leicht verständlichen hebräischen Stil, in dem es abgefaßt ist. Ein zentrales didaktisches Ziel dieses Buchs besteht darin, die "korrekte" Bedeutung der Bibel in Bezug auf solche Begriffe wie "Nächster", "Freund" oder "Mensch" hervorzuheben, die wir im Kapitel III ("III Orthodoxie und Interpretation") behandelt haben. So hat der § 219, der den sich aus dem Vers "Du sollst deinen Nächsten lieben wie dich selbst" ergebenden religiösen Pflichten gewidmet ist, den Titel "Eine religiöse Pflicht, Juden zu lieben". Er lautet wie folgt: Jeden Juden mit ganzem Herzen zu lieben, bedeutet, daß wir uns um jeden Juden und sein Geld so kümmern müssen wie um uns selbst und um unser eigenes Geld, denn es steht geschrieben: "Du sollst deinen Nächsten lieben wie dich selbst", und unsere Weisen seligen Angedenkens sagten: "Was schädlich für Dich ist, tu auch nicht deinem Freund an"... und viele andere religiöse Pflichten folgen daraus, weil jemand, der einen Freund wie sich selbst liebt, nicht sein Geld stiehlt oder Ehebruch mit seiner Ehefrau treibt oder ihn um sein Geld betrügt oder ihn mit Worten täuscht oder sein Land stiehlt oder ihm irgendwie Schaden zufügt. Ferner hängen viele andere religiöse Pflichten davon ab, wie jeder vernünftige Mensch weiß. In § 322, der sich mit der Pflicht beschäftigt, einen nichtjüdischen Sklaven in alle Ewigkeit in Sklaverei zu halten (wogegen ein jüdischer Sklave nach sieben Jahren freigelassen werden muß), steht folgende Erklärung: Und diesen religiösen Pflichten [liegt die Tatsache zu grunde, daß] das jüdische Volk das beste der menschlichen Art ist, geschaffen, seinen Schöpfer zu erkennen und IHN anzubeten und wert zu sein, Sklaven zu seinen Diensten zu haben. Und wenn es keine Sklaven aus anderen Völkern hat, so könnte es die eigenen Brüder versklaven, die so nicht in der Lage sein würden, dem Ewigen, gelobt sei ER, zu dienen. Und deshalb ist uns befohlen, solche für unsere Dienste zu besitzen, nachdem sie darauf vorbereitet wurden und der Götzendienst ihnen ausgetrieben ist, so daß sie keine Gefahr in unseren Häusern sind. Und dies liegt in der Absicht des Verses Aber von euren Brüdern, den Kindern Israel, soll keiner über den anderen herrschen mit Strenge, damit du nicht deine Brüder versklaven mußt, die alle bereit sind, Gott anzubeten. In § 545, der sich mit der religiösen Pflicht befaßt, Zinsen von Nichtjuden zu verlangen, sagt das Gesetz folgendes:

Uns ist befohlen, Zinsen von Nichtjuden zu verlangen, wenn wir ihnen Geld leihen, und wir dürfen ihnen kein Geld ohne Zinsen leihen.

Erläuterung: Diese religiöse Pflicht hat den Grund, daß wir keine Gnade erweisen dürfen, außer den Leuten, die Gott erleben und IHN anbeten; und wenn wir uns von barmherzigen Taten gegenüber dem Rest der Menschheit zurückhalten und sie nur für die ersteren tun, werden wir geprüft, ob der Hauptteil der Liebe und Barmherzigkeit für sie gegeben wird, weil sie der Religion des Heiligen, gelobt sei ER, folgen. Denn siehe, mit diesem Zweck ist unser Lohn [von Gott], wenn wir uns der Barmherzigkeit gegenüber den anderen enthalten, gleich dem Lohn, den wir für das Tun [barmherziger Werke] an Gliedern unseres eigenen Volkes erhalten.

Ähnliche Unterscheidungen findet man zahlreichen anderen Stellen. Bei der Erklärung des Verbots einer verspäteten Auszahlung von Arbeitslohn (§ 238) weist der Autor nachdrücklich darauf hin, daß die Sünde bei einem Nichtjuden nicht so schwer ins Gewicht fällt. Das Verbot des Fluchens (§ 239) hat die Überschrift Verfluche keinen Juden, sei er Mann oder Frau. Desgleichen gelten die Verbote, einen irreführenden Rat zu erteilen, andere Menschen zu hassen, sie mit Scham zu erfüllen oder Rache an ihnen zu nehmen (§§ 240, 245, 246, 247) nur für Mitjuden. Das Verbot, Bräuche der Nichtjuden (§ 262) auszuüben, bedeutet, daß Juden sich nicht nur von Nichtjuden "fernhalten", sondern auch "schlecht von ihrem Verhalten, sogar von ihrer Kleidung" sprechen müssen.

Ich möchte darauf hinweisen, daß die oben zitierten Erläuterungen nicht ganz korrekt die Lehren der Halacha wiedergeben. Die Rabbiner und, was noch schlimmer ist, die apologetischen "Gelehrten des Judaismus" wissen dies sehr genau. Aus diesem Grunde versuchen sie auch nicht, gegen solche Ansichten innerhalb der jüdischen Gemeinde zu argumentieren und erwähnen sie natürlich auch nie außerhalb der Gemeinde. Stattdessen beschimpfen sie jeden Juden, der in Hörweite eines Nichtjuden diese Angelegenheiten zur Sprache bringt, und leugnen sie in täuschender Absicht, wobei die Kunst doppeldeutiger Aussagen Triumphe feiert. So weisen sie in allgemeinen Redewendungen auf die Bedeutung hin, die das Judentum der Barmherzigkeit beimißt, vergessen aber, darauf hinzuweisen, daß nach der Halacha "Barmherzigkeit" nur gegenüber Juden Barmherzigkeit bedeutet.

Jeder, der in Israel lebt, weiß, wie tief und weitverbreitet die haßerfüllten und grausamen Einstellungen sind, die der größte Teil der israelischen Juden gegen allen Nichtjuden hegt. In der Regel verbirgt man diese Einstellungen gegenüber der Außenwelt. Seit der Gründung des Staates Israel, dem Krieg von 1967 und dem Aufstieg von Menachem Begin hat sich jedoch eine bedeutende Minderheit von Juden sowohl in Israel als auch im Ausland nach und nach solchen Fragen stärker geöffnet. In den letzten Jahren wurden die unmenschlichen Vorschriften, nach denen die Sklaverei das "natürliche" Los von Nichtjuden sei, öffentlich in Israel (sogar im Fernsehen) von jüdischen Landwirten, die arabische Arbeitskräfte und insbesondere Kinder ausbeuten, zitiert. Führer des Gusch Emunim wiesen auf religiöse Vorschriften hin, nach denen Juden Nichtjuden unterdrücken müssen, und benutzten sie als Rechtfertigung für Mordversuche an palästinensischen Bürgermeistern und als göttliche Autorität für ihre eigenen Pläne, alle Araber aus Palästina zu vertreiben.

Viele Zionisten lehnen diese Positionen aus politischen Gründen ab, begründen ihre Standard-Gegenargumente aber mit Erwägungen der Zweckdienlichkeit und des jüdischen Selbstinteresses und nicht mit den universell gültigen Prinzipien der Humanität und der Ethik. So führen sie zum Beispiel das Argument an, die Ausbeutung und Unterdrückung der Palästinenser durch die Israelis führe mehr oder weniger zu einer Korrumpierung der israelischen Gesellschaft, oder die Austreibung der Palästinenser sei unter den derzeitigen politischen Bedingungen praktisch nicht machbar, oder israelischer Terror gegen die Palästinenser bringe Israel in internationale Isolierung. Prinzipiell teilen aber alle Zionisten und hier insbesondere die "linken" Zionisten" die tiefe

Verachtung gegen Nichtjuden, die der orthodoxe Judaismus so lebhaft fördert.

Die Einstellungen zu Christentum und Islam

Auf den vorherigen Seiten streifte ich nur die rabbinischen Haltung gegenüber diesen beiden Religionen in einigen Beispielen. Es ist aber nützlich, diese Einstellungen hier kurz darzustellen. Den Judaismus erfüllt ein sehr tiefer Haß gegen das Christentum, ohne letzteres überhaupt zu kennen. Dieser Haß verstärkte sich eindeutig durch die christlichen Verfolgungen der Juden, ist aber weitestgehend davon unabhängig. Er stammt aus der Zeit, als die machtlosen Christen selbst verfolgt (nicht zuletzt durch die Juden) wurden, und wurde auch von Juden geteilt, als Christen die Juden nicht verfolgten oder ihnen sogar halfen. So war Maimonides moslemischen Verfolgungen durch das Regime der Almohaden ausgesetzt und flüchtete vor ihnen zunächst in das Königreich Jerusalem der Kreuzfahrer, was seine Ansichten nicht im geringsten änderte. Diese tiefe negative Haltung gründet sich auf zwei Hauptelemente.

Zunächst einmal auf die haßerfüllten und bösartigen Verleumdungen gegen Jesus. Man muß natürlich die traditionelle Haltung des Judaismus gegenüber Jesus scharf von den unsinnigen Kontroversen zwischen Antisemiten und jüdischen Apologeten hinsichtlich der "Verantwortlichkeit" für seine Hinrichtung unterscheiden. Die meisten modernen Gelehrten geben zu, daß man wegen des Fehlens von Quellen und zeitgenössischen Berichten sowie der späten Abfassung der Evangelien und der Widersprüche zwischen ihnen die genauen historischen Umstände der Hinrichtung Jesu nicht kennt. In jedem Falle ist aber der Begriff der Kollektiv- und Erbschuld sowohl niederträchtig als auch absurd. Was hier aber zur Debatte steht, sind nicht Tatsachen über Jesus, sondern die ungenauen und sogar verleumderischen Berichte im Talmud und in der nachtalmudischen Literatur, denen die Juden bis zum 19. Jahrhundert glaubten und viele Juden, besonders in Israel, auch heute noch für wahr halten. Deswegen spielten diese Berichte sicherlich eine wichtige Rolle beim Entstehen der jüdischen Einstellung gegenüber dem Christentum.

Nach dem Talmud verurteilte ein ordentliches rabbinisches Gericht Jesus wegen Götzenanbetung, weil er andere Juden dazu aufrief und die rabbinische Autorität verächtlich machte. Alle jüdischen Quellen, die seine Hinrichtung erwähnen, übernehmen freudig die Verantwortung dafür. Der talmudische Bericht erwähnt noch nicht einmal die Römer. Die populäreren Darstellungen, die man nichtsdestoweniger sehr ernst nahm, wie die berüchtigten Toledot Jeschu, sind ein noch schlechteres Beispiel, da sie ihm nicht nur die oben genannten Verbrechen, sondern auch Zauberei anlasten. Schon der Name "Jesus" war und ist noch heute für die Juden ein Symbol für alles Verdammenswerte. Eine ähnlich tiefe Verachtung hegt man gegenüber den Evangelien. Sie dürfen auch in modernen jüdischen Schulen Israels nicht zitiert (geschweige denn gelehrt) werden. Zum zweiten stufen die rabbinischen Lehren das Christentum als eine Religion aus theologischen und damit auf Unkenntnis beruhenden Gründen als Götzendienst ein, und zwar aufgrund einer allzu groben Auslegung der christlichen Lehrmeinungen über die Menschwerdung Christi und die Dreieinigkeit. Alle christlichen Embleme und bildlichen Darstellungen werden als "Götzenbilder" betrachtet - sogar von jenen Juden, die buchstäblich Schriftrollen, Steine oder persönliche Dinge von "heiligen Menschen" anbeten. Im Gegensatz dazu nimmt der Judaismus eine relativ milde Haltung gegenüber dem Islam ein. Der Mohammed verliehene Beiname "Verrückter" (meschugga) war nicht so beleidigend, wie er vielleicht heute klingen mag, und verblaßt in jedem Falle vor den schimpflichen Begriffen, die man Jesus zudachte. Ebenso ist der Koran, anders als das Neue Testament, nicht zur Verbrennung freigegeben. Er wird zwar nicht so geehrt, wie die islamischen Gesetze die heiligen jüdischen Schriften ehren, sondern als normales Buch behandelt. Die meisten rabbinischen Autoritäten sind der einhelligen Meinung, daß der Islam keine Götzenanbetung ist (obwohl einige Führer des Gusch Emunim dies heute ignorieren). Deshalb legt die Halacha fest, daß Juden Moslems nicht schlechter als "gewöhnliche" Nichtjuden behandeln sollen - aber auch nicht besser. Auch hier können wir wieder Maimonides zur Veranschaulichung heranziehen. Er stellt nämlich ausdrücklich fest, daß es sich beim Islam nicht um Götzendienst handelt. Auch zitiert er in seinen philosophischen Werken mit großem Respekt viele philosophische Autoritäten des Islam. Er war, wie schon zuvor erwähnt, Leibarzt von Saladin und seiner Familie, und Saladin ernannte ihn zum Oberhaupt über alle ägyptischen Juden. Dennoch gelten alle von ihm festgelegten Vorschriften gegen die Rettung nichtjüdischen Lebens (außer zur Abwehr von Gefahren gegen Juden) gleichermaßen für Moslems.

F) Politische Konsequenzen

Die unveränderten Einstellungen des klassischen Judentums gegenüber Nichtjuden prägen noch immer stark seine Anhänger, die orthodoxen Juden und jene, die seine Tradition offensichtlich fortsetzen, nämlich die Zionisten mit ihrem großen Einfluß auf die Politik des Staates Israel. Seit dem Jahre 1967 wird Israel immer jüdischer, so daß mehr jüdisch-ideologische Erwägungen als kalt berechnete imperialistische Interessen die Politik bestimmen. Ausländische Experten bemerken in der Regel diesen Einfluß nicht. Sie neigen dazu, den Einfluß der jüdischen Religion auf die israelische Politik nicht zur Kenntnis zu nehmen oder herunterzuspielen.

Dies erklärt auch, warum ihre Voraussagen nicht eintreffen. In der Tat verursachen religiöse und oft triviale Gründe mehr als alles andere israelische Regierungskrisen. Außer in Kriegszeiten und bei sicherheitsbedingten Spannungen widmet sich die hebräische Presse hauptsächlich der Diskussion der dauernd auftretenden Streitigkeiten innerhalb der verschiedenen religiösen Gruppen oder zwischen den religiösen und weltlichen Gruppen. Zur Zeit der Niederschrift dieses Buches (Anfang August 1993) lauten einige den Lesern der hebräischen Presse wichtigen Themen: Ob im Kampf gefallene Soldaten mit mütterlicherseits nichtjüdischen Vorfahren in einem abgegrenzten Teil der israelischen Militärfriedhöfe begraben werden sollen, ob es jüdischen religiösen Bestattungsunternehmen, die ein Monopol für das Begräbnis aller Juden mit Ausnahme von Kibbuz-Mitgliedern haben, erlaubt sein soll, den Brauch der Beschneidung von Leichnamen nichtbeschnittener Juden vor dem Begraben fortzusetzen (und dies, ohne die Erlaubnis der Familie einzuholen) und ob der Import nichtkoscheren Fleisches nach Israel, der seit der Errichtung des Staates inoffiziell verboten ist, gesetzlich zuzulassen oder zu verbieten ist. Es gibt viele weitere Fragen dieser Art, die in der israelisch-jüdischen Öffentlichkeit mehr Interesse finden als etwa Verhandlungen mit den Palästinensern und mit Syrien.

Die Versuche einiger weniger israelischer Politiker, die Faktoren der "jüdischen Ideologie" zugunsten rein imperialistischer Interessen zu ignorieren, hat katastrophale Ergebnisse gezeitigt. Nach der teilweisen Niederlage im Jom-Kippur-Krieg hatte Israel Anfang 1974 ein lebenswichtiges Interesse, den steigenden Einfluß der PLO einzudämmen, die bis dahin von den arabischen Staaten noch nicht als einzig legitime Vertretung der Palästinenser anerkannt war. Die israelische Regierung plante nämlich damals, den jordanischen Einfluß im besetzten Westjordanland zu fördern. Als man König Hussein um seine Mitwirkung bat, verlangte er ein sichtbares quid pro quo. Mit der Einwilligung von Verteidigungsminister Mosche Dajan wurde damals vereinbart, daß der wichtigste Unterstützer im Westjordanland, Scheich Jabri in Hebron, der den südlichen Teil mit eiserner Faust regierte, eine Festivität für die Honoratioren der Region im Hofraum seiner Luxusresidenz in Hebron geben sollte. Diese Feier zu Ehren des Geburtstages des Königs, auf der die jordanischen Fahnen öffentlich gezeigt werden sollten, war als Beginn einer projordanischen Kampagne gedacht. Aber die religiösen Siedler im nahegelegenen Kirijat Arbat, damals nur eine Handvoll, hörten von dem Plan und setzten die Premierministerin Golda Meir und Dajan mit energischen Protesten unter Druck, da, wie sie es sagten, das Aufziehen der Fahne eines "nichtjüdischen Staates" im Lande Israel dem heiligen Prinzip widerspräche, nach dem das Land nur den Juden "gehört". Da alle Zionisten diesem Prinzip huldigen, mußte die Regierung sich ihren Wünschen beugen und Scheich Jabri anweisen, keine jordanische Fahne zu zeigen. Daraufhin sagte Jabri, der sich tief gedemütigt fühlte, die Feier ab. Kurz danach fand die Konferenz der Arabischen Liga in Fez statt, auf der König Hussein dafür stimmte, die PLO als alleinige Vertretung der Palästinenser anzuerkennen. Für die Masse der israelisch-jüdischen Öffentlichkeit beeinflussen solche jüdischen ideologischen Erwägungen mehr als alles andere ebenfalls die derzeit laufenden Verhandlungen über die "Autonomie".

Aus dieser Darstellung der israelischen Politik und der dazugehörigen Analyse des Judaismus ergibt sich zwangsläufig, daß Untersuchungen der in Israel praktizierten Politik immer in die Irre führen, wenn sie nicht die einzigartige Bedeutung des Begriffes "jüdischer Staat" hervorheben. Insbesondere ist der leichtfertige Vergleich Israels mit westlichem Impn zu igi4n zu iDeolonistesStaateh nichtkoIrrkht. Während der Aparteit gehörte Südafrika offiziell zu 87% den Weiagen und zu 13% zu den Bantustans, die alle mit den Symbolen der Souveränität ausgestattet waren. Doch die "jüdische Ideologie" verlangt, daß kein Teil des Landes Israel als den Nichtjuden "gehörig" zuerkannt werden kann und keine Zeichen der Souveränität (wie die jordanische Fahne) öffentlich gezeigt werden dürfen. Das Prinzip der Erlösung des Landes fordert, daß im Idealfall das gesamte Land (und nicht nur beispielsweise 87%) im Laufe der Zeit "erlöst", d.h. von Juden in Besitz genommen werden. Die jüdische Ideologie verbietet das sehr bequeme Prinzip des Imperialismus, das schon die Römer kannten, dem viele Weltreiche anhingen und das Lord Cromer am besten formulierte: "Wir regieren nicht Ägypten - wir regieren die Regierenden von Ägypten".

Die jüdische Ideologie verbietet solches; sie verbietet sogar den Anschein einer respektvollen Haltung gegenüber allen "nichtjüdischen Regierenden" im Lande Israel. Den ganzen Apparat von Königen, Sultanen, Maharadschas und Häuptlingen als Vasallen oder - wie in unseren Zeiten - abhängigen Diktatoren, so bequem er auch in Fällen imperialistischer Hegemonie ist, kann Israel nicht in dem Gebiet einsetzen, das man das Teil des Landes Israel betrachtet. Somit entbehren die häufig von Palästinenser ausgesprochenen Befürchtungen, ein Bantustan angeboten zu bekommen, jeder Grundlage. Nur wenn zahlreiche jüdische Leben in einem Krieg verlorengehen, wie es 1973 und in dem kriegerischen Nachspiel im Libanon 1983 bis 1985 geschah, ist ein israelischer Rückzug denkbar, da er sich durch das Prinzip rechtfertigen läßt, daß die Heiligkeit jüdischen

Lebens Vorrang vor allen anderen Erwägungen hat. Nicht aber möglich ist, solange Israel ein "jüdischer Staat" bleibt, die israelische Gewährung einer vorgetäuschten, aber nichtsdestoweniger von den Symbolen her realen Souveränität oder sogar eine echte Autonomie für Nichtjuden im Lande Israels nur aus politischen Gründen. Israel ist wie einige andere Länder ein exklusivistischer Staat, und der Exklusivismus ist ein Privileg Israels selbst.

Vermutlich beeinflußt die "jüdische Ideologie" nicht nur die israelische Politik, sondern auch einen bedeutenden Teil, wenn nicht den größten, der in der Diaspora lebenden Juden. Die Umsetzung der jüdischen Ideologie in reale Maßnahmen erfordert ein starkes Israel, was wiederum zu einem beträchtlichen Ausmaß von der Unterstützung abhängt, welche die Juden, besonders in den USA, Israel zukommen lassen. Das Bild der Juden in der Diaspora und ihre Haltung gegenüber Nichtjuden unterscheidet sich stark von den oben beschriebenen Einstellungen des klassischen Judaismus. Diese Diskrepanz fällt besonders in den englischsprachigen Ländern auf, in denen die gröbsten Verfälschungen des Judaismus regelmäßig vorkommen. Am schlechtesten ist die Lage in den USA und Kanada, den zwei Staaten, in denen die israelische Politik und die politischen Linien, die am deutlichsten den menschlichen Grundrechten der Nichtjuden widersprechen, die stärkste Unterstützung findet.

Die US-Hilfe für Israel läßt sich nicht einfach als Ergebnis der amerikanischen imperialistischen Interessen deuten, wenn man sie nicht im Abstrakten, sondern in konkreten Einzelheiten untersucht. Auch muß man den starken Einfluß, den die organisierte jüdische Gemeinde in den USA zur Unterstützung der gesamten israelischen Politik ausübt, berücksichtigen, will man die Nahostpolitik der amerikanischen Regierungen verstehen. Noch auffälliger ist dieses Phänomen im Falle Kanadas. Dieses Land hat wohl kaum starke Interessen im Nahen Osten, zeigt aber gegenüber Israel noch größere Loyalität als die USA. In beiden Ländern (und auch in Frankreich, Großbritannien und vielen anderen Staaten) unterstützen die jüdischen

Organisationen Israel mit derselben Loyalität, wie es die kommunistischen Parteien im Falle der UdSSR solange getan haben.

Ebenso legen viele Juden, die die Menschenrechte so aktiv zu verteidigen und nonkonforme Ansichten über andere Fragen zu hegen scheinen, in Sachen Israel ein hohes Maß an Totalititarismus an den Tag und stehen in vorderster Front bei der Verteidigung der gesamten israelischen Politik. Man weiß in Israel nur allzugut, daß der Chauvinismus und Fanatismus der organisierten Juden in der Diaspora (besonders seit 1967) viel ausgeprägter ist als der Chauvinismus beim durchschnittlichen israelischen Juden. Dieser Fanatismus zeigt sich besonders in Kanada und den USA. Weil er aber eine unvergleichlich höhere politische Bedeutung in den USA hat, konzentriere ich mich auf letzteren. Dabei ist jedoch anzumerken, daß es auch Juden gibt, deren Ansichten über die israelische Politik sich nicht von denen unterscheiden, die der Rest der Gesellschaft (unter entsprechender Berücksichtigung der Geographie, des Einkommens, der sozialen Stellung usw.) hegt.

Warum sind also, manchmal bis zum Exzeß, amerikanische Juden chauvinistisch und andere nicht? Wir sollten dabei mit einer Untersuchung der sozialen und deshalb auch politischen Bedeutung der jüdischen, ihrer Natur nach ausgesprochen exklusiven Organisationen beginnen, da sie nämlich prinzipiell keine Nichtjuden zulassen. (Dieser Exklusivismus steht im Gegensatz zu dem Eifer, mit dem sie auch den obskursten nichtjüdischen Club verdammen, der die Aufnahme von Juden verweigert.) Diejenigen, die man "organisierte Juden" nennen kann und den größten Teil ihrer Freizeit in Gesellschaft anderer Juden verbringen, halten augenscheinlich den jüdischen Exklusivismus hoch und konservieren die Haltung des klassischen Judaismus gegenüber Nichtjuden. Unter den derzeitigen Umständen können sie ihre Einstellung gegenüber Nichtjuden in den USA, in denen die Nichtjuden mit 97% die Bevölkerungsmehrheit bilden, nicht offen vertreten. Als Ersatz drücken sie ihre echte Einstellung mit der Unterstützung des "jüdischen Staates" und der Behandlung aus, die er den

Nichtjuden im Nahen Osten zukommen läßt. Wie anders sonst können wir den Enthusiasmus erklären, den so viele amerikanische Rabbiner bei der Unterstützung für etwa Martin Luther King zeigten, vergleicht man ihn mit der fehlenden Unterstützung für die Rechte der Palästinenser und sogar für ihre individuellen Menschenrechte? Wie sonst können wir den schreienden Widerspruch zwischen der Haltung des klassischen Judaismus gegenüber Nichtjuden mit der Vorschrift, daß das Leben letzterer nur um jüdischer Interessen willen zu retten sei, und der Unterstützung der amerikanischen Rabbiner und organisierten Juden für die Rechte der Schwarzen erklären? Schließlich sind Martin Luther King und der größte Teil der amerikanischen Schwarzen Nichtjuden. Auch wenn man berücksichtigt, daß nur die konservativen und orthodoxen Juden, die zusammen die Mehrheit der organisierten amerikanischen Juden bilden, solche Ansichten über die Nichtjuden pflegen, so hat der andere Teil des amerikanischen Judentums, nämlich die reformierten, nie Stellung gegen sie bezogen und scheint meiner Ansicht nach stark unter ihrem Einfluß zu stehen. Dieser offene Widerspruch läßt sich allerdings leicht auflösen. Man muß sich nämlich immer daran erinnern, daß der Judaismus, besonders in seiner klassischen Form, der Natur nach totalitär ist. Das Verhalten der Vertreter anderer totalitärer Ideologien in unserer Zeit unterschied sich in Nichts von dem Verhalten der organisierten amerikanischen Juden. Stalin und seine Helfershelfer verdammten unermüdlich die Diskriminierung der amerikanischen oder südafrikanischen Schwarzen, und zwar besonders auf dem Höhepunkt der schwersten von der UdSSR verübten Verbrechen.

Das südafrikanische Apartheid-Regime wurde wie seine Unterstützer in anderen Ländern nicht müde, die Verletzungen der Menschenrechte durch entweder die Kommunisten oder andere afrikanische Regimes anzuprangern. Viele ähnliche Beispiele lassen sich hier anführen. Eine Unterstützung der Demokratie oder der Menschenrechte ist deshalb bedeutungslos oder sogar schädlich und betrügerisch, beginnt sie nicht mit einer Selbstkritik und der Verteidigung der Menschenrechte, wenn die eigene Gruppe sie verletzt. Jede allgemeine Unterstützung der

Menschenrechte durch einen Juden, der dabei nicht die durch den "jüdischen Staat" verletzten Menschenrechte berücksichtigt, ist genauso ein Täuschungsmanöver wie die Verteidigung der Menschenrechte durch einen Stalinisten. Der auffällige Eifer, mit dem sich amerikanische Juden oder die jüdischen Organisationen bei der Unterstützung der Schwarzen im Süden der USA in den 50er und 60er Jahren zeigten, war, wie die kommunistische Unterstützung für dieselben Schwarzen, lediglich durch Erwägungen des jüdischen Selbstinteresses motiviert. In beiden Fällen handelte es sich dabei allein um den Versuch, die schwarze Gemeinschaft politisch zu vereinnahmen und, im Falle der Juden, eine blinde Unterstützung der israelischen Politik im Nahen Osten zu erheischen.

Deshalb ist die echte Probe, auf die sich sowohl Israelis als auch die Juden in der Diaspora gestellt sehen, eine Selbstkritik, zu der auch eine Kritik der jüdischen Vergangenheit gehört. Der wichtigste Teil solch einer kritischen Überprüfung besteht jedoch in einer ausführlichen und ehrlichen Konfrontation mit der jüdischen Haltung gegenüber Nichtjuden. Dies ist genau das, was viele Juden gerechterweise von den Nichtjuden verlangen, sich nämlich der eigenen Vergangenheit zu stellen und sich so der Diskriminierung und Verfolgungen bewußt zu werden, die die Juden erleiden mußten. In den letzten 40 Jahren überstieg die Anzahl der von Juden getöteten Nichtjuden bei weitem die Anzahl an Juden, die Nichtjuden umbrachten. Das Ausmaß der Verfolgungen und Diskriminierungen gegen Nichtjuden durch den "jüdischen Staat" mit der Unterstützung der organisierten Juden in der Diaspora ist weitaus größer als das Leiden, das feindliche Regimes den Juden zufügten. Obwohl der Kampf gegen den Antisemitismus (und gegen alle anderen Formen des Rassismus) nie aufhören darf, hat der Kampf gegen den jüdischen Chauvinismus und Exklusivismus, zu dem auch eine Kritik des klassischen Judentums gehört, mittlerweile die gleiche oder noch größere Bedeutung.

Jerusalem und die Juden Die Diskussion von Themen im Zusammenhang mit Juden bereitet einige Schwierigkeiten. Die erste besteht darin, daß der Begriff "jüdisch", so wie er während der letzten 150 Jahre gebraucht wurde, zwei unterschiedliche Bedeutungen hat. Das war jedoch nicht immer so. Nehmen wir das Jahr 1760 als Vergleichszeitpunkt. Damals war die allgemein anerkannte Bedeutung des Begriffs "Jude" identisch mit dem Selbstverständnis der Juden. Obwohl die jüdische Identität damals hauptsächlich religiöser Natur war, betrachteten die Juden und die Völker, mit denen sie Kontakt hatten, dies als eine nationale Identität, auch wenn sie aufgrund ihrer Religion anders ausfiel. Für die Juden kristallisierte sich diese Ansicht in dem oft zitierten Ausspruch des im 10. Jahrhundert lebenden Weisen Rabbi Saadia ben Josef: "Unser Volk verdankt seinen Volkscharakter dem Religionsgesetz." Dieses Gesetz regelte nicht nur alle öffentlichen und private Lebensbereiche, sondern befahl auch eine strenge Trennung zwischen Juden und den Nichtjuden. Die Erfahrung bis zum Jahre 1780 könnte den Ausspruch des Weisen aus dem 10. Jahrhundert bestätigen. Damals traf es buchstäblich zu, daß ein Jude noch nicht einmal ein Glas Wasser im Haus eines Nichtjuden trinken durfte.

Seit damals hat sich jedoch diese Lage durch zwei parallel verlaufende Entwicklungen geändert. Eine davon war das, was die jüdische Geschichtsschreibung "Emanzipation der Juden" nennt. Von den ersten Anfängen im Holland und England des 17. Jahrhunderts kam sie im revolutionären Frankreich und in den Ländern einschließlich der modernen Monarchien des 19. Jahrhunderts, die ihren Fußstapfen folgten, zur vollen Entfaltung. Im Laufe der Entwicklung erhielten die Juden einen beträchtlichen Teil der Individualrechte und in einigen Fällen sogar die volle rechtliche Gleichstellung. Das Ergebnis war, daß die gesetzliche Autorität der jüdischen Gemeinde über ihre Mitglieder aufgehoben wurde. Wenn z.B. im Jahre 1780 ein Jude einen anderen Wasser im Hause eines Nichtjuden trinken sah, konnte er in der Regel durch seine eigene jüdische Gemeinde nach Recht und Gesetz bestraft werden. Im Jahre 1880 war dies in den meisten Ländern aber nicht mehr möglich. Die zweite Entwicklung ist eine Folge der ersten. Einige Juden konnten, wenn sie schon "emanzipiert" waren, ihr jüdisches Erbe mehr oder weniger verleugnen und moderne Ansichten übernehmen. Dies zog natürlich tiefgreifende Änderungen nicht nur in ihrem

Verhalten, sondern auch in ihrer Einstellung nach sich. Ein extremer Fall hierbei waren diejenigen, die Juden nur noch in dem Sinne blieben, daß sie nicht zu einer anderen Religion übertraten, sonst aber vielleicht jedes Interesse an jüdischen Themen verloren. Auch wenn wir die letzte Kategorie ignorieren, was ich auch tun werde, so gilt der Begriff "Jude" heute für Bevölkerungsteile, die nur wenig gemeinsam haben.

Insbesondere fallen ihre Ansichten über alles "Jüdisches" einschließlich Jerusalem in der Regel weit auseinander und sind auch sehr oft diametral entgegengesetzt. Es gibt nicht mehr allen Juden gemeinsame Eigenschaften, und es gibt auch keine allgemeine "jüdische" Meinung über irgend ein Thema, am wenigsten in der Frage Jerusalem.

Da ich die Lage in Israel bestens kenne und die Einstellung der israelischen Juden gegenüber Jerusalem auf jeden Fall von besonderer politischer Bedeutung ist, beschränke ich meine Ausführungen auf die verschiedenen Meinungen, die verschiedene Teile der israelisch-jüdischen Gesellschaft hinsichtlich Jerusalem vertreten, und auf einen Hinweis darauf, worin diese Einstellungen in der jüdischen Vergangenheit wurzeln. Moderne israelische Soziologen und Meinungsforscher sind überwiegend der Meinung, daß die jüdische Gesellschaft in Israel in zwei Teile nahezu gleicher Größe aufgespalten ist. Der wichtigste Einzelfaktor, der die Zugehörigkeit zum einen oder anderen dieser Teile bestimmt, ist die Haltung gegenüber der jüdischen Religion, ihrer Befolgung und ihres Einflusses auf politische Fragen. Nach politischen Unterscheidungsmerkmalen gehört jemand zum Likud, einer anderen der rechten Parteien und aller religiöser Parteien und ein anderer dagegen zur Arbeiterpartei und allen Linksparteien. Ein Block steht für die vollständige oder teilweise Fortsetzung der jüdischen religiösen Tradition und der andere für eine beträchtliche Änderung der Dogmen durch Einbeziehung einiger moderner Züge.

Lassen Sie mich in diesem Zusammenhang einige Angaben aus einem Artikel zitieren, den einer der angesehensten israelischen Soziologen, Baruch Kimmerling (Zmanim, Nr. 50-51, Herbst

1994) mit dem bedeutsamen Titel "Religion, Nationalismus und Demokratie in Israel" beschrieben hat. Unter Verweis auf eine Vielzahl von Untersuchungen zeigt Kimmerling überzeugend, daß die jüdische Gesellschaft in Israel in religiösen Fragen weitaus gespaltener ist, als man es im Ausland annimmt, wo der Glaube an die "allen Juden gemeinsamen" Eigenschaften und an daraus folgende Verallgemeinerungen viel weniger angezweifelt wird. So zitiert Kimmerling Daten aus einer vom renommierten Gutman-Institut der Hebräischen Universität in Jerusalem vorgenommenen Untersuchung, nach der 19% der israelischen Juden angeben, daß sie täglich beten, und 19% sagen, sie würden unter keinen Umständen eine Synagoge betreten. Aus diesen und ähnlichen Befunden zieht er den Schluß, daß jeder der oben erwähnten Blöcke einen harten Kern von Gläubigen mit entgegengesetzten Meinungen enthält.

Viel bedeutender für unseren Zweck ist jedoch die Feststellung von Kimmerling (sowie anderen renommierten Forschern), daß der Respekt vor der Demokratie im umgekehrten Verhältnis zur Religiosität eines israelischen Juden steht. Der größte Unterschied zeigt sich in der Einstellung der jüdischen Jugendlichen gegenüber den Arabern mit israelischer Staatsangehörigkeit. Während z. B. 47% der jungen jüdischen Befragten meinen, daß die Rechte der israelischen Araber "drastisch beschnitten" werden sollten, beträgt der entsprechende Prozentsatz bei den religiösen und weltlich eingestellten Jugendlichen 89 bzw. 13%, wobei diejenigen, die sich selbst als "Traditionalisten" sehen, d.h. die religiösen Gebote nur teilweise beachten, zwischen beide Extreme fallen. Natürlich gibt es auch weitere Faktoren, wie die Armut. Die meisten antidemokratischen Juden sind jedoch diejenigen, die sowohl religiös als auch arm sind. Von diesen beiden Eigenschaften liefert die Religion die besten Erklärungen.

Ich möchte nun zu der Einstellung gegenüber Jerusalem gehen. Dabei beginne ich mit der Haltung der religiösen Juden in Israel, die sich auf das zurückführen läßt, was ich "klassischen Judaismus" nennen würde, d. h. den Judaismus, dem die gesamte jüdische Gemeinschaft von etwa dem ersten Jahrhundert bis zur

Mitte des 19. Jahrhunderts folgte und der seinen Einfluß auf etwa die Hälfte der jüdischen Gesellschaft in Israel beibehielt. Ich werde hier nicht auf die Bibel oder auf den Judaismus in biblischen Zeiten verweisen, da der "klassische Judaismus" in der Tat später durch den Talmud geformt wurde. Der biblische Einfluß, der von gegen den Judaismus rebellierenden Juden wiederbelebt wurde, spielt nur eine Rolle bei den Juden, die moderne Ansichten vertreten, insbesondere bei jenem harten Kern, der sich unter allen Umständen weigert, eine Synagoge zu betreten. Ebenfalls erwähnen werde ich nicht das, was unter dem Namen "judäo-christliche Tradition", ein in meiner Sicht ähnliches Gebräu wie Stalins "Marxismus-Leninismus", daherkommt. Desgleichen gehe ich auch nicht auf die "abrahamische Tradition" ein, einen blanken Unsinn in meiner Sicht.

Jedem, der die von dem "klassischen Judaismus" durch alle Zeitalter hindurch produzierte Literatur gut kennt, ist es klar, daß Jerusalem in diesen Schriften hauptsächlich als die Stadt erscheint, in der der Tempel stand. Gerade dieser Tempel und die darin dargebrachten Tieropfer sind der Grund für die tiefe jüdische Bindung an die Stadt. Dazu gesellen sich Trauer und ein Gefühl des Verlustes, das seit der Zerstörung durch die Römer im Jahre 70 n. Chr. andauert. Im Gegensatz zu den vielen dickleibigen Bänden der Gelehrsamkeit des klassischen Judaismus, die in allen Einzelheiten den Tempel und alles um ihn herum - besonders die Tieropferbehandlung - beschreiben, gibt es nur wenig Literatur über die Stadt Jerusalem selbst. In den jüdischen Gebeten werden stets nur der Tempel und die darin dargebrachten Opfer erwähnt. Die zionistische Verwendung der jüdischen Gebete hat mit ihrem Inhalt genausoviel zu tun wie Stalins Zitate aus den Werken von Karl Marx. Dies ist nur möglich, weil Christen und Moslems mehr oder weniger fast gar nichts über den Judaismus wissen, weder über den klassischen noch den modernen.

So ist z.B. der oft zitierte Ausruf "Nächstes Jahr in Jerusalem" in der Tat ein Teil der Feier am Vorabend des Passah-Festes, den auch viele weltliche Juden weiterhin auf alte Art und Weise begehen. In welchem Zusammenhang erscheint nun dieser Ausruf bei der Zeremonie? Ihm geht ein feierliches Gebet voran, in dem man Gott bittet, die Tieropfer im Tempel wieder zuzulassen. In jener glücklichen Zeit, so das Gebet, wird große Freude unter den Juden herrschen "angesichts des Blutes der Schafe, die auf die Seite des [Tempel-]Altars geworfen werden, um Dir, o Herr, Freude zu bereiten". Nur bei dieser Gelegenheit erfolgt der Ausruf, an den sich wiederum ein Gebet anschließt, das dem tatsächlichen Opfer eines Schafes schon während der Feier am Vorabend des Passah-Festes des nächsten Jahres erwartungsvoll entgegenblickt. Es liegt auf der Hand, daß die ursprüngliche heute noch von vielen Juden vertretene Bedeutung von "nächstes Jahr in Jerusalem" nichts anderes als "nächstes Jahr das Blut eines Schafes auf die Seite eines Altars in einem neu gebauten Tempel geworfen" besagt. Gleichzeitig hat von Weizmann bis Ben Gurion und von Begin bis zu Rabin und Peres kein einziger wichtiger zionistischer Politiker darauf gewartet, "das Blut eines auf die Seite eines Altars geworfenen Schafes" in einem jüdischen Tempel zu sehen. Es gab nichts, worum sie sich weniger kümmerten. Sie wollten nur die echten Gefühle der Religiösen für ihre eigenen Zwecke manipulieren und den Nichtjuden mit aus dem historischen jüdischen Zusammenhang herausgerissenen Zitaten imponieren. Doch ihre Politik hinsichtlich Jerusalem gründete sich nicht auf Erwägungen, die in der jüdischen Vergangenheit oder der jüdischen Religion wurzeln.

Die Wallfahrten religiöser Juden nach Jerusalem, geschweige denn ihre Niederlassung in der Stadt, die seit der Zerstörung des Tempels nie unterblieb, war auch durch die tiefe Bindung an den Ort des zerstörten Tempels und an den Wunsch nach seiner Wiederherstellung motiviert. Sieht ein frommer Jude zum ersten Mal den Tempelberg (Haram Al-Scharif), so macht er zum Zeichen der Trauer einen kleinen Riß in sein Hemd oder seinen Umhang, was sich von dem aus biblischen Zeiten stammenden Brauch ableitet, seine Kleider zu zerreißen. Dasselbe Ritual führt er bei der Beerdigung einer seiner nächsten Angehörigen aus.

Sein Ziel war immer der Platz direkt am Ort des Tempels oder der Ort, an dem er die beste Aussicht auf ihn hatte. In der Tat spielt die Klagemauer, historisch gesehen, nur seit relativ kurzem eine Rolle. Seit Jahrhunderten betrachtet der fromme Jude den Ölberg als heiligsten Ort in Jerusalem, da er den besten Blick auf den Tempel bietet. Die Heiligkeit der Klagemauer datiert aus dem 10. Jahrhundert, als die persönliche Sicherheit außerhalb der Mauern von Jerusalem prekär und Besuche des Ölbergs auch am Tage gefährlich waren. Die Heiligkeit der Klagemauer wurde im 16. und 17. Jahrhundert durch den jüdischen Mystizismus (die Kabbala), die damals die jüdische Religion und Kultur beherrschte, unter den Juden popularisiert und hervorgehoben. (Nebenbei bemerkt, wurden zu jener Zeit nahezu alle anderen der ziemlich zahlreichen jüdischen "heiligen Orte" in Palästina erfunden.) Die zuvor im Judaismus bekannte kabbalistische Doktrin, daß Gott die an einem heiligen Ort gesprochenen Gebete schneller als anderswo abgehaltene Gebete erhört und erwidert, half der Vorstellung über die Heiligkeit der Klagemauer stark nach. Dieses Dogma wurde schon bald auf geschriebene Gebete ausgedehnt, die zwischen die Steine der Klagemauer eingefügt wurden.

Seltsamerweise existierte mit dieser tiefen Bindung an den Ort des Tempels gleichzeitig das strikte Verbot für die Juden, ihn zu besuchen. Um dieses Paradox zu erläutern, muß ich etwas über die Zeit vor 70 n. Chr., als der Tempel noch stand, einfügen. Zu jener Zeit gab es im Judaismus ausführliche Vorschriften, die Reinheit und Unreinheit regelten. Nur ein Jude im Zustand ritueller Reinheit durfte den Innenplatz des Tempels betreten, an dem die Tiere geopfert und ihre Kadaver auf dem großen Altar verbrannt wurden.

Der Tempel selbst war ein kleines von großen Innenhöfen umgebenes Gebäude, das die jüdischen Priester nur im Zustand der Reinheit betreten durften. Der Eintritt eines unreinen Juden in die inneren Tempelhöfe oder eine Handlung im Tempel durch einen unreinen Priester wurde als schwere Sünde und Sakrileg betrachtet. Ein Jude konnte auf vielerlei Arten unrein werden. Die wichtigste und "ansteckendste", um einen modernen

Ausdruck zu verwenden, war eine auch nur indirekte Berührung eines jüdischen Leichnams oder auch eines noch so kleinen Teils eines jüdischen Knochens, der aus auch noch so entfernter Vergangenheit stammte. (Nebenbei bemerkt, der Talmud legt fest, daß nur der tote Körper eines Juden Unreinheit verursacht. Leichname von Nichtjuden oder von Tieren haben diese Wirkung nicht.) Befand sich z.b. ein Jude auf einem jüdischen Friedhof, wurden alle Juden, die er später mit der Spitze seines kleinen Fingers berührte, ebenfalls unrein. Das galt auch für die Kleider.

Unreine Juden können sich jedoch mittels eines komplizierten, mehrerer Tage dauernden Rituals wieder reinigen. Für unsere Zwecke reicht es zu erwähnen, was am 3. und 7. Tag geschah. Der noch unreine Jude mußte sich von einem reinen Priester mit Wasser besprengen lassen, das ein wenig von der Asche einer rötlichen Kuh enthielt (siehe 4. Mose 19). Rötliche Kühe wurden von Zeit zu Zeit auf dem Ölberg von einem reinen Priester geopfert. Dabei mußten sie vollkommen rot sein. Schon zwei Haare, die nicht rot waren, reichten aus, sie als Opfer auszuschließen. Da der rituelle Zustand der Reinheit nicht nur für den Eintritt in die Tempel-Innenhöfe, sondern auch für zahlreiche andere Handlungen jüdischer Anbetung erforderlich war, zogen es viele Juden damals vor, sich zu jeder Zeit rein zu halten, um Gott zu gefallen. Damit sie sich aber wieder reinigen konnten, wurden kleine Mengen der Asche der rötlichen Kuh von Zeit zu Zeit über das von Juden bewohnte Palästina verstreut. Wir besitzen solide Beweise, daß Reste der Asche der rötlichen Kuh noch bis zum 6. Jahrhundert in Galiläa aufbewahrt wurden und sich einige Priester bis damals in der Erwartung eines Wiederaufbau des Tempel selbst rein hielten.

Seit jener Zeit befinden sich die Juden selbst jedoch im Zustand der rituellen Unreinheit. Somit verbieten ihnen die religiösen Verbote nicht nur, die Tempel-Innenhöfe zu befinden, sondern auch den Tempel wieder aufzubauen, der ja Reinheit verlangt. Ich möchte hier noch erwähnen, daß alle Nichtjuden, die entsprechend dem Judaismus nicht nur unrein sind, sondern auch nicht gereinigt werden können, nach einer Proklamation des Oberrabbinats (zumindest in der hebräischen Version) ebenfalls den Tempelberg nicht betreten dürfen. Die Juden, die den Tempelberg besuchten, sind genau diejenigen, die, wie schon zum Beginn meiner Ausführungen dargelegt, gegen den "klassischen Judaismus" rebellierten. Die Rabbiner und die jüdischen religiösen Parteien würden am liebsten den Tempelberg für jeden und auch für die moslemischen Beter in der Aksa-Moschee schließen, da in ihrer Sicht ihr Betreten die Heiligkeit des Ortes nicht weniger als der Eintritt ungläubiger Juden entweiht. Solche Besuche werden fortgesetzt und auch nur deswegen gefördert, weil alle israelischen Regierungen bis jetzt weltlich waren. Interessant ist dabei, daß der jüdische Untergrund die Moschee auf dem Tempelberg in die Luft jagen wollten, nachdem ein Rabbiner die Meinung vertrat, daß ein kurzzeitiges und einmaliges Betreten des heiligen Ortes durch unreine Juden zu solch einem Zwecke der langfristigen Entweihung vorzuziehen sei.

Daher lassen sich die winzigen Gruppen von Juden, die den Tempel oder wenigstens den großen Altar wieder aufbauen oder den Tempelberg zum Gebet betreten möchten, nur als jüdische Häretiker beschreiben. Sie sind Sonderlinge und Dummköpfe und werden von allen echt religiösen und vielen weltlichen Juden vehement abgelehnt. Ihre stark übertriebene Bedeutung erlangten sie durch die Medien, die ihre Hanswurstereien gerne bringen, und durch das Unwissen der moslemischen Geistlichkeit und Gelehrten über den Judaismus. Doch die Unreinheit der religiösen Juden läßt sich nicht nur auf die fehlende Asche der rötlichen Kuh zurückführen. Voll rot gefärbte Kühe fand man in allen Ecken der Erde und brachte sie nach Israel, wo sie in Erwartung der für sie vorgesehenen Verwendung liebevoll umsorgt wurden. Aber hier existiert ein "Fallstrick". Wie schon zuvor erwähnt, muß der Priester, der die rötliche Kuh opfert, selbst rein sein. Andernfalls ist das Opfer ungültig und hat keine reinigende Wirkung. Da aber alle Juden einschließlich ihrer Priester seit mindestens 1400 Jahren unrein sind und ihr tägliches Leben zu ihrer Unreinheit beträgt, kann man keinen reinen Priester zum Opfern der rötlichen Kuh finden. Man glaubt nun, es sei eine der Aufgaben des Messias, einen Teil der Asche der rötlichen Kuh zu suchen oder aus dem Himmel mitzubringen und so den Prozeß der Reinigung einzuleiten. In Abwesenheit des Messias kann nichts geschehen. Möglicherweise "finden" einige treue Anhänger des Gusch Emunim einen alten Pott mit Unrat und erklären, er enthielte die Asche der rötlichen Kuh. Man kann aber sicher sein, daß nahezu alle Rabbiner solch eine "Entdeckung" mit Horror zurückweisen und ihr keine Gültigkeit zusprechen würden.

Nichtsdestoweniger können, wenn auch nicht immer, die Gefühle der religiösen Juden für den Tempel und seinen Ort politische Wirkung zeigen. Die religiösen Juden in Israel lassen sich in zwei Kategorien einteilen: in jene, die die nationale religiöse Partei unterstützen oder zumindest mit ihr sympathisieren und oft Messianisten genannt werden, und solche, die man "Haredim" (Gottesfürchtige) nennt, und die Gebote des klassischen Judaismus sehr viel strenger einhalten. Der Graben geht ziemlich tief: jede Kategorie unterhält ein separates Schulsystem und separate Systeme der Kaschrut-Regeln. Außerdem gibt es einen wichtigen theologischen Unterschied zwischen ihnen. Die "Messianisten" glauben an die bevorstehende Ankunft des Messias und "die Änderung der Qualität der Zeit", wobei die Welt in eine neue Ära des "Beginns der Erlösung" eintritt. Die Juden in dieser Ära haben die Aufgabe, die besten Bedingungen für den Messias herzustellen. Die Beschlagnahme arabischen Landes in Jerusalem und die tausend Schikanen gegenüber den Palästinensern haben nach Meinung der "Messianisten" einen theologischen Zweck. Nach dem jüdischen Religionsgesetz [Halacha] dürfen Nichtjuden im Idealfall nicht in Jerusalem leben, die Stadt aber besuchen. Ferner sollten keine Gebetsorte von nichtjüdischen Religionen in Jerusalem toleriert werden. (Leser des Flavius Josephus werden sich erinnern, daß die Juden an diese Lehrmeinungen in den letzten Jahrhunderten glaubten, als der Tempel noch bestand.) Das heißt mit anderen Worten, die "Messianisten" glauben, daß Gott um so mehr erfreut und dann der "Anfang der Erlösung" sich um so schneller zu einer vollen "Erlösung" entwickelt, je weniger Juden sich in Jerusalem befinden.

Die Haredim weisen jedoch solche theologischen Annahmen und deshalb auch die Politik der Messianisten zurück. Nach ihnen hat sich die Zeit nicht geändert. Die israelische Politik sollte als einziges Ziel das Wohlergehen der Juden und hier insbesondere der Haredim haben. Die Beschlagnahme von Land in Jerusalem ist in ihrer Sicht nur dann erlaubt, wenn sie diesem Ziel dient. Falls sie zu großen Protest hervorruft, sollte man von ihr ablassen. Das heißt mit anderen Worten, die "Messianisten" sind auch unter den religiösen Juden isoliert. Ob in der Frage Jerusalem oder auf anderen Gebieten, sie konnten nie etwas ohne ihre weltlichen jüdischen Alliierten in Israel zustande bringen. Dies ist der Grund, warum ich jetzt den Teil der israelischjüdischen Gesellschaft hinsichtlich ihrer Haltung gegenüber Jerusalem behandeln muß.

Lassen Sie mich mit der Frage beginnen, was der israelische Jude mit einer weltlichen Erziehung, der sein Erwachsenendasein in einem vollständig weltlichen sozialen Milieu verbringt, über Israel weiß oder auch nicht weiß. Die jüdische Erziehung in Israel (geschweige in der Diaspora) ist chauvinistisch. Der Chauvinismus drückt sich in erster Linie in der Unkenntnis oder der größtmöglichen Verniedlichung der Rolle von Nichtjuden aus, die jemals in Palästina lebten oder in diesem Lande von Bedeutung waren. Die populäreren Medien verstärken diese Vorstellung der öffentlichen Erziehung nach Kräften. So wird zum Beispiel in jüdischen Schulen gelehrt und auch von der Mehrheit der israelischen Juden gegen alle historischen und archäologischen Beweisen geglaubt, daß Palästina immer nur aufblühte, wenn das Land von Juden beherrscht oder bewohnt wurde, und niemand außer den Juden zur Mehrung seines Nutzens beigetragen habe. Dieser böse Mythos wird auch auf Jerusalem angewandt. Die lange Geschichte der Stadt vor ihrer Eroberung durch König David (etwa 1000 v. Chr., das genaue Datum ist unsicher) wird entweder ignoriert oder kaum erwähnt. Behandelt wird dagegen die Geschichte der folgenden ca. 1000 Jahre, d.h. die Zeit vor der Eroberung bis zur Zerstörung der Stadt und des Tempels im Jahre 70 n. Chr., in der Jerusalem eine israelitische und dann eine jüdische Stadt war.

Die Geschichte der Stadt danach wird in den jüdischen Schulen Israels oder in der Öffentlichkeit nur sehr selektiv erörtert. Dabei berücksichtigt man nur, was geschichtlichen Bezug zu den Juden hat. Die Existenz von Nichtjuden und insbesondere ihrer Herrscher in Jerusalem während dieser langen Zeit kann man zwar nicht vollständig ignorieren, wird aber einzig und allein unter dem Gesichtspunkt ihrer Haltung zu den Juden und nicht als eigenes Thema behandelt. So seltsam es auch klingen mag, man nimmt allgemein an, daß, als keine Juden in Jerusalem lebten, auch keine anderen Menschen dort vorhanden waren. Dies ist beileibe keine Übertreibung.

Direkt nach der Eroberung von Ost-Jerusalem im Jahre 1967 schrieb der bekannte Liedermacher Naomi Schemer "Jerusalem, die Goldene", ein Lied, das enorme Popularität erzielte. In den entscheidenden Teilen beschreibt er Jerusalem vor der Eroberung: "Alle Marktplätze sind leer, niemand wandert von Jericho zum Toten Meer".

Somit nimmt die Mehrheit der israelischen Juden an, daß der östliche Teil der Stadt vor der Eroberung durch den jüdischen Staat entvölkert war. Mit Ausnahme weniger mutiger Radikaler protestierte niemand gegen diese Annahme im Jahre 1967 und nur eine kleine Minderheit (wenn auch zugegebenermaßen sehr lautstark) protestiert dagegen jetzt. Diese Vorstellung ist eine säkularisierte Version der im Laufe der Zeit geschriebenen hebräischen religiösen Poesie, die die Stadt Jerusalem als "in Ruinen" oder "erniedrigt" beschreibt, als sie in der Tat noch von Nichtjuden bevölkert und verehrt wurde. Als ich die "historische Geographie von Palästina" an meinem Gymnasium etwa um 1950 studierte, wurde mir über die Geschichte Jerusalems von 70 n. Chr. bis zur Eroberung durch den Kalifen Omar im Jahre 638 als einzige Tatsache gelehrt, daß die Juden nur an einem Tag im Jahr in die Stadt gelassen wurden, damit sie die Zerstörung des Tempels in der Nähe betrauern konnten. Als ich einmal unschuldig fragte, was sonst noch in Jerusalem während der langen Zeit geschah, erhielt ich vom Lehrer die schroffe Antwort, daß einige Fragen nicht gestellt werden sollten. Diese Neigung der meisten israelischen Juden, die Anwesenheit von Nichtjuden zu leugnen oder herunterzuspielen, manifestierte sich in jedem Teil des Landes Israel unter israelischer Herrschaft, so z.B. im Falle der Golan-Höhen.

Meron Benvenisti beschrieb diese Einstellung, die auch derzeit gegenüber den besetzten Gebieten vorherrscht (Haarez, 27. April). Er betrachtet sie als ein Symptom einer "konzeptionellen ethischen Säuberung, d.h. eine Löschung der Anderen aus dem Bewußtsein eines Menschen. Man kann nicht umhin festzustellen, daß der sogenannte 'Friedensprozeß mit den Palästinensern' in der jüdischen Gesellschaft von einem ungewöhnlich hohen und der Nähe des Rassismus liegenden Anteils an Ethnozentrismus, tribalen Formen der Moralität und der Unfähigkeit begleitet wird, zwischen dem moralischen Recht auf Existenz und der moralischen Pflicht zu anständigem Verhalten zu unterscheiden". Benvenisti zieht den meiner Ansicht nach richtigen Schluß, daß "der Oslo-Prozeß, die daraus resultierende Ideologie der Abgrenzung und die sich daraus ergebenden Sicherheitserwägungen nur die [israelische] ethnische Säuberung mit einer Aura der Ehrsamkeit übertüncht werden soll. Sicher kann man meine Verwendung des Begriffs als einen Ausdruck von Extremismus ansehen, vergleicht man ihn mit seiner normalen Verwendung als elegante Umschreibung für Vertreibungen und Massenmord. Meiner Ansicht nach können ethnische Säuberungen auch zeitlich beschränkt sein. Eine Sperrung der besetzten Gebiete oder ein Ausgehverbot, das öffentliche Plätze von 'anderen' reinigen soll, sind perfekte Beispiele solch einer konzeptionellen und zeitlich begrenzten ethnischen Säuberung". Die Vorgänge in Jerusalem sind möglicherweise besser bekannt als die Vorfälle im Westjordanland. Die Politik ist aber immer die gleiche.

In diesen Ausführungen kann ich nicht alle Aspekte behandeln, die ich, sei es in Jerusalem oder einem anderen Teil Palästinas einschließlich Israel, als israelische Apartheid-Politik betrachte. Doch die Apartheid-Politik gründet sich meiner Meinung nach letztlich auf der Vorstellung, daß im Idealfall nur Juden auf jüdischem Land in einem jüdischen Staat leben sollten. Wie schon alle Gründerväter des Zionismus sagten und was bisher noch kein einziger zionistischer Führer bis zum heutigen Tag zurückgewiesen hat, können die Juden nur in einer vollständig jüdischen Gesellschaft, d.h. in einer Gesellschaft, zu der nur die Juden gehören, "normal" werden und alle Arten von "schlechten Eigenschaften" loswerden, die mit der Phrase der "Diaspora-Mentalität" beschrieben wird. Nicht nur die palästinensischen Arbeiter werden in den israelischen Medien regelmäßig als Krebs in unserem Körper beschrieben, sondern auch thailändische und rumänische Arbeiter, die man zu ihrem Ersatz importiert hat. Das Ideal einer ethnischen Säuberung gilt für alle Nichtjuden.

Lassen Sie mich nebenbei deutlich sagen, daß diese schändliche Haltung gegenüber Nichtjuden nicht von israelischen Archäologen propagiert wurde, wie einige arabische Intellektuelle anscheinend meinen, weil sie so große Diskrepanz zu den archäologischen Funden aufweist. Kein Archäologe kann leugnen, daß vor dem 19. Jahrhundert Palästina (und nebenbei bemerkt auch Jerusalem) eine Hochblüte im späten Römischen Reich und während der frühen byzantinischen Periode (etwa vom frühen 4. bis zur Mitte des 6. Jahrhundert) erlebte, als die große Mehrheit der Einwohner Christen waren und viele von ihnen griechisch sprachen. Die israelische Archäologie hat sicherlich ihre Fehler, übt aber, falls überhaupt, einen mäßigen Einfluß auf die israelischjüdischen Chauvinisten aus.

Die beschriebene Haltung des weltlichen jüdischen Chauvinisten in Israel läßt sich in keiner Weise mit dem "klassischen Judentum" in Einklang bringen, in dessen Namen ironischerweise Israel als "jüdischer Staat" exklusive "historische Rechte" für das "vereinigte Jerusalem" beansprucht. Der Grund hierfür liegt darin, daß die meisten heiligen Erscheinungen der jüdischen Vergangenheit einschließlich des Tempels und der Stadt Jerusalem während ihrer Existenz als jüdische Stadt dem weltlichen Chauvinisten ganz und gar zuwider sind, und ihre Wiederherstellung unwillkommen wäre. Es ist vielleicht ein neues Phänomen, das einen Zusammenhang mit dem wiedererwachten Interesse an der jüdischen Geschichte und der wachsenden Popularität ihrer revisionistischen Strömungen aufweist, die ganz anders als manchmal gedacht, sich keineswegs nur auf die Untersuchung von Ereignissen dieses Jahrhunderts beschränken.

So veröffentlichte z.B. die führende israelische Zeitung Haarez in ihrer letzten Beilage zum Passah-Fest (14. April) einen Artikel, in dem zum ersten Mal gezeigt wurde, wie der Tempel tatsächlich aussah, als er damals für religiöse Handlungen und Tieropfer benutzt wurde. Der Titel lautete "Die heilige Fleischerei".

(Ich habe den nicht unbegründeten Verdacht, daß die Veröffentlichung eines Artikels über jüdische Angelegenheiten unter diesem Titel in der britischen Presse einen großen Skandal auslösen würde. In Israel gab es keinen.) Unter Bezug auf die zuverlässigsten jüdischen Quellen beschrieb der Artikel, wie die Tempel-Innenhöfe während der vorgeblichen Ruhmeszeit tatsächlich aussahen und wie die ganze oder teilweise Verbrennung der Opfertiere sich auf das Leben in Jerusalem auswirkte. Der Gestank muß für moderne Nasen unerträglich gewesen sein.

Desweiteren wird in dem Artikel herausgestellt, daß die geopferten Tiere gehäutet und dann in sechs Teile zerlegt werden mußten, und zwar in vier Füße sowie den oberen und unteren Teil des Körpers. All diese heilige Arbeit wurde von reinen Priestern im inneren Tempelhof vor den Augen der Menschen ausgeführt. Nach alledem war dieses Abhäuten und Tranchieren ein Lotteriespiel, bei dem festgelegt wurde, welcher Priester das begehrte Privileg erhalten würde, etwa ein blutiges Bein eines Rinds auf seine Schultern legen und es in das auf dem großen Altar lodernde Feuer werfen zu dürfen. Andere Priester buken Kuchen aus dem geheiligten Mehl und Öl in offenen um den Innenhof herum verstreuten Öfen, damit sie dann auf dem großen Altar verbrannt und in einigen Fällen auch von den Priestern gegessen werden konnten.

Nebenbei bemerkt gab es eine umfangreiche durch die Jahrhunderte von den rabbinischen Weisen geschriebene Literatur, in der z.B. erörtert wurde, wie das zu opfernde Schaf genau zu häuten sei. Einige treue Anhänger des Gusch Emunim verbringen ihre ganze Zeit mit dem Studieren dieser Literatur in speziellen Jeschiwot. Die bekannteste von ihnen, Ateret Cohanim ["Diadem der Priester"] verbindet ihre Arbeit, Priester in der Darbringung von Tieropfern zu schulen, mit dem (nicht notwendigerweise immer auf gesetzliche Art gehaltenen) Erwerb von palästinensischem Eigentum in der Altstadt von Jerusalem, um fromme Juden dort anzusiedeln. Das meiste für die heiligen Ziele gesammelte Geld kommt von den frommen Juden in englischsprachigen Ländern einschließlich Großbritannien, wo es von der Steuer absetzbar ist. Würde in Großbritannien jemand vielleicht etwas mehr über die Absichten von Ateret Cohanim wissen, entzöge ihm die britische Regierung seine Privilegien. Doch die Unwissenheit über jüdische Angelegenheiten in der Vergangenheit und in der Gegenwart schließt von vornherein jede ernsthafte Debatte der Ziele solcher Institutionen aus. Diese Unwissenheit kann mitunter grenzenlos sein.

In der umfangreichen Literatur über die Zeit von Jesus habe ich bisher vergeblich nach einer Beschreibung darüber gesucht, wie der Tempel aussah, als Jesus dort betete. Die Bildung solch widersinniger Begriffe wie "judäo-christliche Tradition" läßt sich solch einer Unwissenheit zuschreiben.

Meine Darstellung über die Abläufe im Tempel mag etwas kurz geraten sein, vermittelt aber genügend Verständnis dafür, warum jedem weltlichen Juden, so chauvinistisch er auch sein mag, die Wiederaufnahme dieser Praktiken nur übel aufstoßen kann. Dies gilt umso mehr, sollten alle diese blutigen Einzelheiten weltweit im Fernsehen gezeigt werden. Fromme Juden würden sicherlich diese Aussichten begrüßen; für den säkularen Juden sind sie jedoch nur abstoßend.

Es ist nun Zeit für einige politische Schlußfolgerungen. Zunächst einmal wird Jerusalem nie Gerechtigkeit und Gleichheit bieten und auch nie offen für alle Menschen ohne Unterschied sein, sofern wir nicht in allen Einzelheiten wissen, wer gegen diese Ziele ist und warum. Francis Bacon, einer der Gründer der modernen Wissenschaft, sagte: "Wissen ist Macht". Wer sich auch immer selbst eines genauen und ausführlichen Wissens begibt, verzichtet auch auf die Möglichkeit, die ihm und anderen zugefügten Ungerechtigkeiten zu beseitigen. Keine noch so ausschweifenden Diskussionen über UN-Resolutionen können ein Ersatz für die Macht sein, die Wissen besitzt.

Zweitens müssen diejenigen, die für die Nichtjuden in Jerusalem auch nur minimale Gerechtigkeit einfordern, sich vergegenwärtigen, daß sie sich mit der israelischen Macht und der starken Unterstützung einlassen, die Israel aus den USA erhält. Daher muß es unsere vornehmliche Aufgabe sein, zunächst einmal solche Forderungen zu erheben, die breite Unterstützung finden und mit voller Absicht den israelischen Ansprüchen auf Alleinherrschaft über Jerusalem entgegenstehen. Lassen Sie mich solch eine Forderung vorschlagen. Auch die israelische Regierung kann nicht leugnen, daß Jerusalem für Christen und Moslems heilige Stätten enthält. Aber sie verweigert frommen Christen und Moslems das Recht, wegen religiöser Bindungen der Juden an diese Stätten in Jerusalem zu leben. Nebenbei bemerkt, das Osmanische Reich hatte dieses Recht im Falle der Christen nicht anerkannt. Laßt uns also die Forderung erheben, daß solche Christen und Moslems, die aus religiösen Gründen in Israel leben möchten, dazu das Recht haben.

Zum dritten gibt es unter den derzeitigen politischen Bedingungen nur zwei Möglichkeiten, den israelischen Versuch zu vereiteln, Jerusalem ethnisch zu säubern: mittels des Konzepts der allgemeinen Menschenrechte und insbesondere der menschlichen Individualrechte und durch die Forderung, diese für alle in Jerusalem lebenden Menschen gelten zu lassen und die Wahrheit über Jerusalem so weit wie möglich zu verbreiten. Hierzu gehört auch die Wahrheit über die Vergangenheit Jerusalems.

Verfälschungen der Vergangenheit der Stadt kommen nur den derzeitigen Unterdrückungsmaßnahmen zu gute. Dies kann aber nicht geschehen, indem man die von Israel propagierten groben

Mythen durch noch gröbere Mythen ersetzt, die von einigen ihrer Opponenten weiterverbreitet werden.

Alle fremdenfeindlichen und reaktionären Bewegungen verfälschen die Vergangenheit, um die Gegenwart zu korrumpieren. Der Zionismus bildet dabei keine Ausnahme. Unsere Aufgabe besteht nicht nur darin, solche Fälschungen aufzudecken, sondern auch Möglichkeiten für eine gerechtere Zukunft aufzuzeigen, indem wir die schwierige Vergangenheit enthüllen.

Rezension von Benjamin Beit-Hallahmi

Haarez, Literaturbeilage, 21. September 1994 von Benjamin Beit-Hallahmi Eine Anklageschrift gegen die jüdische Religion - *Jewish History, Jewish Religion*:

Bei der unlängst stattgefundenen, emotionsgeladenen Diskussion in Israel über die Gültigkeit der zionistischen Geschichtsdarstellung der letzten 100 Jahre verloren die Diskussionsteilnehmer etwas noch wichtigeres aus den Augen. Die zionistische Geschichte beginnt in der Tat nicht im Jahre 1882. Sie selbst bekundet, daß ihre Anfänge viel weiter zurückreichen. Man erwartet von ihr, daß sie uns die deutlich herausgearbeitete geschichtliche Ideologie des jüdischen Volkes aufzeigt. Gerade diese Geschichte ist es jedoch, die bisher noch nicht in Frage gestellt wurde.

Was weiß der Leser von Haarez über die jüdische Religion? Was weiß er wirklich über die jüdische Geschichte? Aller Wahrscheinlichkeit nach erwarb er sein ganzes Wissen darüber im israelisch-jüdischen Bildungssystem. Wenn dies zutrifft, so gründet der größte Teil seines Wissens auf den Grundlagen der jüdischen religiösen Mythologie über "die Ära der Patriarchen" und "den Auszug aus Ägypten", gefolgt von der Zeit des zweiten Tempels, als das Herzstück der jüdischen Religion Form annahm. Und von dieser Zeit an bildet die jüdische Existenz in der Diaspora in seinem Kopf ein schwarzes Loch.

Schon im Kindergarten müssen wir den [einführenden] Satz (der israelischen Unabhängigkeitserklärung) auswendig lernen: "Das jüdische Volk bildete sich im Lande Israel". Den meisten von uns bleibt es aber sehr unklar, wie dieses Volk in der Diaspora lebte. Und die meisten von uns können sich nur der aus zionistischer Sicht dargestellten gräßlichen Geschichten über antijüdische

Verfolgungen, Unterdrückungen und unsägliche Verleumdungen erinnern, kontrastiert durch Geschichten wundervoller Erfolge verschiedener jüdischer Personen und Gruppen. Die zionistische Darstellung der jüdischen Diaspora sucht natürlich Konsistenz und Kontinuität mit dem Höhepunkt der Rückkehr der Juden nach Zion. Das Ziel jeder nationalistischen Darstellung besteht darin, Bestrebungen eines gegebenen Nationalismus auszubauen und mit einer Aura von Rationalität zu umgeben, indem man die nationale Geschichte als ein gerades, unumkehrbares und vorhersehbares Kontinuum darstellt und alle Brüche und Diskontinuitäten, die man nicht ganz ignorieren kann, herunterspielt.

Die nationalistische Geschichte eines jeden Volkes ist unabdingbar abhängig von grob verdrehten Erklärungen und Vertuschungen. In der relativ neueren Geschichte des jüdischen Volkes machte die Säkularisierung eine größere Revision der Vorstellungen über religiöser Vergangenheit unausweichlich. Zu unserer Freude oder unserem Schmerz gibt es bei diesem Phänomen nichts, was besonders jüdisch ist. In allen westlichen Ländern, in denen sich die Säkularisierung unter Schmerzen und Leiden vollzog, gibt es eine Öffentlichkeit, die alle paar Jahre die Bedeutung von Religionen neu entdeckt, die in diesen Ländern noch Lebenskraft haben. Viele Vorfälle in der letzten Zeit (etwa der Aufruf zum Mord an islamischen Schriftstellern und ähnliches) zeigen, daß die wahrhaft Religiösen das meinen, was sie sagen, und daß sie in der Tat an die Unfehlbarkeit ihrer von Gott gegebenen Heiligen Schriften glauben.

Im Falle Israels glauben die Juden tatsächlich, daß der Kosmos nur für die Juden geschaffen wurde und die gesamte Menschheitsgeschichte in ihrem Sinne verlief. Ohne einen Anflug von Zweifel erwarten sie den Wiederaufbau des dritten Tempels mit seinen Tieropfern. Sie unternehmen alle Anstrengungen, um den Staat Israel in eine Theokratie zu verwandeln, die nach der Halacha [dem jüdischen Religionsgesetz] regiert wird. Sie wollen, daß die Israelis die Gebote der jüdischen Religion befolgen, zu denen auch die Gesetze der Reinheit und Unreinheit gehören, die von

Generationen gelehrter Rabbiner schon lange vor ihrer möglichen Anwendung ausgearbeitet wurden. Für den wahrhaft religiösen Juden sind solche Vorstellungen keine Rhetorik, sondern Lebensinhalt. Die Schwierigkeit besteht nur darin, daß der durchschnittlich gebildete Jude kaum etwas darüber weiß.

Israel Shahaks Buch bietet drei zentrale Theorien. Die erste besagt, daß die jüdische Religion, so wie sie sich in den Jahrhunderte alten talmudischen Vorschriften zeigt, der Inbegriff von Obskurantismus, Primitivität, Fanatismus und Rassismus ist. Die zweite Theorie meint, daß das Erbe des jüdischen Fanatismus, und hier insbesondere die Einstellung der Juden gegenüber Nichtjuden, einen schweren Stolperstein bildet, der die Entwicklung einer säkularen und aufgeklärten jüdischen Zivilisation verhindert.

Shahaks dritte Theorie legt dar, daß die bis heute existierende jüdische Geschichtsschreibung und der größte Teil der akademischen Untersuchungen der "Judaica" nichts anderes sind als Versuche, die in seiner ersten und zweiten Theorie dargestellten Realitäten zu unterdrücken oder zu verzerren. Shahak klagt die gesamte jüdische Geschichtsschreibung an, sich bewußt in eine apologetische Schieflage gebracht zu haben. Er möchte die jüdische Geschichte auf eine wahrhaft weltliche Grundlage stellen. Das Buch enthält ein Programm für eine solche noch zu schreibende Geschichte und ist kontroverser und subversiver als alle Schriften der besten heutigen [revisionistischen] Historiker. Der jüdischen Existenz in der Diaspora sollte größere Bedeutung als dem Aufstand von Bar Kochba [132-135 n. Chr.] zukommen, da die Zivilisation, in der wir leben, tatsächlich durch jahrhundertelange Erfahrung in der Diaspora geprägt wurde. Dies sollte unbestreitbar sein. Doch dies verleugnen wir, wenn wir uns als Nachfahren der makkabäischen Helden [167-165 v. Chr.] und nicht als die Antihelden aus entweder Warschau oder Casablanca verstehen.

Israel Shahak wurde in Israel durch sein prinzipientreues Beharren auf der Wahrheit, die die meisten Israelis nicht gerne hören, berühmt. Dies ist der Grund, warum Amnon Rubinstein (derzeit Minister für Erziehung, Kultur und Sport) schon vor Jahren verlangte, Shahak die Chemie-Professur der Hebräischen Universität zu entziehen, nachdem er öffentlich und wiederholt die Politik der israelischen Regierung in den besetzten Gebieten scharf angegriffen hatte. Shahak hat immer versucht, sich von jedem israelischjüdischen Konsens fernzuhalten, und hatte schließlich Erfolg damit. Doch bemerkt man sehr schnell, daß sein Buch voll von Zuneigung für das jüdische Volk ist. Es ist wie die Liebe eines Sohnes zu einer Familie, die ihn aufzog.

Dieses ziemlich kurze Buch, geschrieben in Englisch und veröffentlicht in England, wendet sich an den nichtjüdischen Leser. Unverschleiert zeichnet das Buch ein Bild der herkömmlichen jüdischen Gesellschaft als fanatische und ultrakonservative Gemeinschaft. Shahak zeigt, daß ein jüdischer Staat, so wie ihn sich die religiösen Juden erträumen, d.h. ein nach den Vorschriften der jüdischen Religion regierter Staat, nie existiert hat. In den verschiedenen Perioden der jüdischen Geschichte gab es jüdische Gemeinschaften, die nur deswegen nach den Vorschriften der jüdischen Religion lebten, weil die genug Macht hatten, ihren Mitgliedern die vorgeschriebene Lebensart aufzuzwingen. Die Geschichte aber zeigt, daß es in solchen Gemeinden nichts gab, was einem Pluralismus auch nur ähnelte.

Auch heutzutage wäre es nicht schwer, Beispiele für religiöse Juden zu finden, die die Rechte der Nichtjuden vollständig ignorieren. Man muß einsehen, daß sie nicht lediglich die Rechte der Palästinenser mißachten. Das beste Beispiel läßt sich aus der Geschichte von Südafrika in den letzten 50 Jahren anführen.

Es ist erwiesen, daß sich viele Juden entschieden am Kampf gegen die Apartheid beteiligten. Doch dies waren nur weltliche Juden. Die orthodoxe jüdische Gemeinde zeigte kein Interesse an irgend etwas, was die Apartheid betraf. Hätte man vor noch nicht einmal 10 Jahren irgend einen der zu zahlreichen Chabad-[Ljubawitscher-] Anhänger in Südafrika über die Apartheid befragt, hätte er definitiv geantwortet, daß die Apartheid nur

Nichtjuden auferlegt und deshalb kein Gegenstand jüdischen Interesses wäre. Dies läßt sich verallgemeinern.

Menschlichkeit war im traditionellen jüdischen Sinne nur eine Sache, die Juden etwas anging: Es gab keinen vernünftigen Grund für den Juden, sich um den Rest der Menschheit zu kümmern. Jedes Problem war danach zu beurteilen, ob es gut oder schlecht für die Juden war. Shahak führte den Ursprung dieser Haltung auf die Halacha und den rabbinischen Responsa, die sich mit der Rettung nichtjüdischen Lebens befassen, und insbesondere auf die zurück, welche die Frage behandelt, ob ein Jude den Sabbat verletzen darf, um das Leben eines Nichtjuden zu retten.

Der gnadenlose Widerstand aller israelisch-jüdischen religiösen Parteien gegen alle Versuche, die Menschenrechte durch Gesetz festzuschreiben, läßt sich nicht auf den Wunsch zurückführen, den berüchtigten religiösen "Status Quo" zu erhalten oder mehr Geldmittel vom Staat für die Jeschiwot zu bekommen. In der Frage der Menschenrechte ist die Position dieser Parteien festgeschrieben und wird von der Vorstellung genährt, daß nicht alle Menschen dieselben Rechte haben können. Wenn religiöse Juden für das, was sie bei Begräbnisriten "Menschenwürde" nennen, Propaganda machen, denken sie am wenigsten an den Schutz dieser Würde gegenüber Nichtjuden. Beziehen sie gegen Abtreibungen Stellung, so machen sie deutlich, daß ihre Sorge nur jüdischen Föten gilt. Diesen heutigen Kampagnen liegen klare historische Präzedenzfälle in der jahrhundertealten jüdischen religiösen Tradition zugrunde.

Gegen den Widerstand von jüdischen Apologeten, gegen alle Geschichten über den angeblich humanistischen und "pluralistischen" Judaismus und gegen die Appelle all derjenigen, welche die Juden aufrufen, Reue über die Säkularisierung zu empfinden, führt Shahak unerbittlich die düsteren Aspekte der jüdischen Tradition ins Feld und fragt dabei seinen Leser, ob diese Tradition fortgesetzt werden soll. Das Leben der Juden in der Diaspora war schwer, darin ist sich Shahak mit dem Zionismus einig. Doch seine Erläuterung dieser

Schwierigkeiten fällt ganz anders aus. So betrachtet er z.B. das, was die jüdische Geschichtsschreibung als Verfolgung der Juden in Ostpolen in den Jahren 1648-49 beschreibt, nicht als wilden vom Judenhasser Chmjelnizki geschürten Antisemitismus, sondern als Bauernaufstand und Vergeltung gegen die Juden – wegen ihrer authentischen sozialen und wirtschaftlichen Lage. In keiner Weise verharmlost Shahak aber das Unheil, das die Juden damals befiel. Er historisiert jedoch den Antisemitismus, und zwar insbesondere durch Zurückweisung der Vorstellung, daß jeder Nichtjude von Natur aus Antisemit sei. Stattdessen betrachtet er den Antisemitismus als das Ergebnis historischer Situationen, in denen sich die Juden in Feindschaften zwischen den Völkern verstrickten oder sich an der Unterdrückung einer sozialen Klasse oder nationalen Gruppe durch eine andere beteiligten.

Infolge des polemischen Stils liest sich Shahaks Buch wie eine Anklageschrift gegen die jüdische Religion.

Daraus ergibt sich jedoch ein Problem, zumindest in der breiteren Perspektive des Humanisten. Gibt es etwas spezifisch Jüdisches beim jüdischen Chauvinismus oder der jüdischen Egozentrik? Sind die Juden in dieser Hinsicht schlechter als andere? Sind jüdische Chauvinisten schlechter als irische, russische oder japanische? Shahak glaubt, daß ein qualitativer Unterschied zwischen der jüdischen Halacha und anderen religiösen Gesetzesvorschriften besteht. Er meint, die erdrückende Last einer Tradition, die die gesamte Menschheit nur unter dem beschränkten jüdisch-egoistischen Gesichtspunkt betrachtet, korrumpiere uns alle in Israel. Gibt es aber keine anderen Beispiele derselben Art der Ethnozentrik in der Welt? Ist die jüdische Tradition schlechter als diejenige der Hutu und der Tutsi? Ist die jüdische Haltung gegenüber Nichtjuden schlechter als das, was der Hinduismus seinen "Unberührbaren" zufügt? Sind die Vorstellungen der Juden über ihre Überlegenheit und göttliche Auserwähltheit wirklich so viel schlechter als ähnliche Vorstellungen der Sikhs oder hunderter ethnischer Gruppen in der Welt?

Der Kampf für Menschenrechte, Demokratie und Gleichheit ging immer einher mit der Säkularisierung, da schon immer eine Kluft zwischen den religiösen Traditionen und den humanistischen Ideen bestand.

Genauso ist es in Israel und in jedem anderen Land. Wenn wir Israelis die Demokratie und die soziale Gerechtigkeit weiterentwickeln wollen, so werden wir wahrscheinlich kaum eine Anregung für unser Anliegen in irgendeiner religiösen Tradition, sei sie jüdisch oder tibetanisch, finden. Es scheint, als teile Shahak das Bestreben einer israelisch-jüdischen Mehrheit bei seiner Suche nach Normalität und Modernität der jüdischen Existenz, ganz im Gegensatz zu den Anomalien des Lebens in der Diaspora. Darüber hinaus wünscht er sich ein neues, nationales und nachzionistisches Leben mit einem möglichst kritischen Blick auf die gesamte jüdische Vergangenheit, die uns so nah und doch schon so fern ist.

Die Vita von Israel Shahak

Geboren am 28. April 1933 in Warschau, Polen.

Von Ende 1939 bis April 1943 im Warschauer Ghetto.

Von April 1943 bis Ende Juni 1943 Konzentrationslager Poniatowo (Polen) und Versteck in Warschau.

Von Ende Juni 1943 bis April 1945 Konzentrationslager Bergen-Belsen (in Deutschland).

8. September 1945: Ankunft in Palästina.

1945 - 1947: Internat Kefar Hanoar Hadati (in der Nähe von Haifa).

1947 - 1951: Gymnasium Herzliya, Tel Aviv.

1951 - 1953: Dienst in der israelischen Armee.

1953 - 1961: Studium an der Hebräischen Universität Jerusalem, Abschluß als Ph.D. [Dr.rer.nat.] in Organischer Chemie.

1961 - 1963: Studium der Organischen Chemie nach dem Doktorexamen an der University of Stanford, Kalifornien, USA.

1963 - 1971: Hebräische Universität in Jerusalem, Dozent, Senior Lecturer und Außerordentlicher Professor der Anorganischen Chemie.

1968: Beginn des Engagement bei der Verteidigung der Menschenrechte sowohl in Israel als auch in den besetzten Gebieten. Gewählt als Vorsitzender der Israelischen Liga für Menschen- und Bürgerrechte im Jahre 1970. Mehrere Male wiedergewählt bis in die 90er Jahre hinein. Veröffentlichte seit jener Zeit viele Artikel und Berichte über die Menschenrechte und die israelische Politik im allgemeinen und auch in der hebräischen Presse.

Viele davon handeln von der jüdischen Religion.

1971 - 1972: Sabbatjahr im Imperial College, London.

1972 - 1986: Tätig an der Hebräischen Universität in Jerusalem, Ruhestand im Jahre 1986.

1994: Veröffentlichung des Buches "Jewish History, Jewish Religion; the weight of three thousand years", Pluto Press, London.

2001: gestorben.

Andere Publikationen

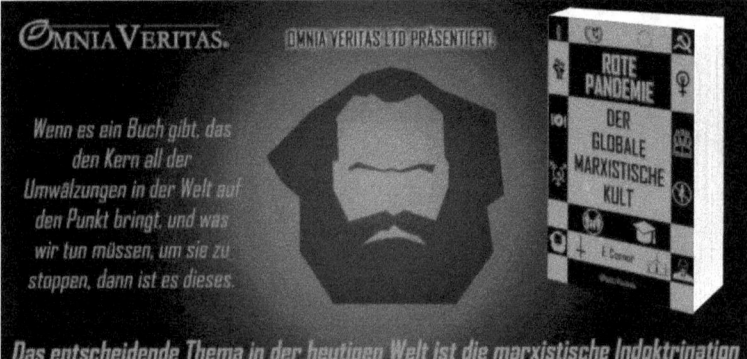

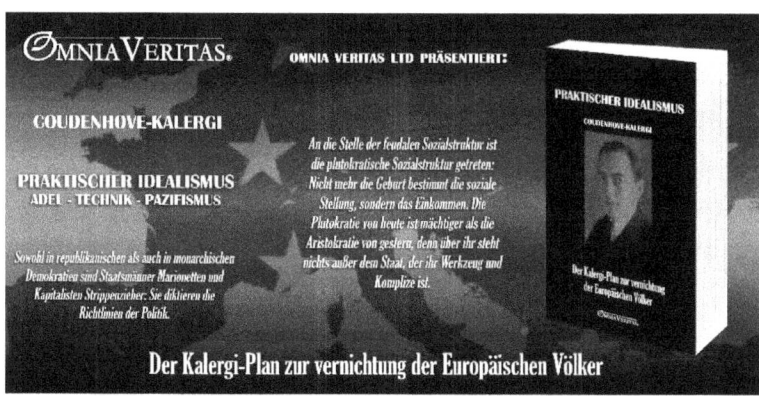

JÜDISCHE GESCHICHTE, JÜDISCHE RELIGION

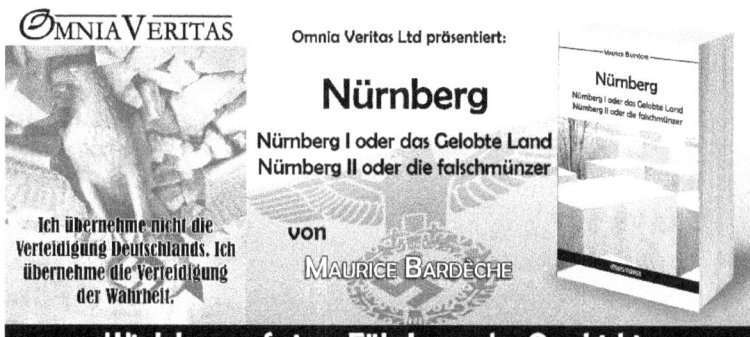

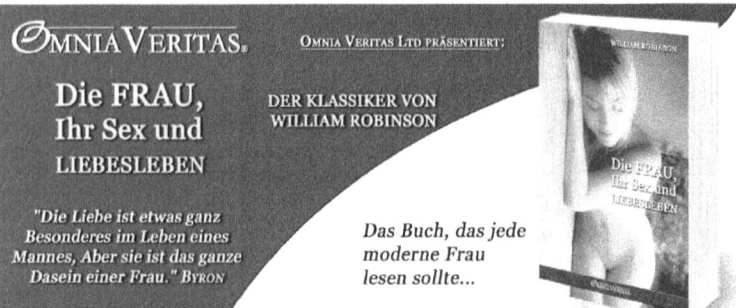

www.ingramcontent.com/pod-product-compliance
Lightning Source LLC
Chambersburg PA
CBHW072132160426
43197CB00012B/2074